数字中国《デジタル・チャイナ》

コロナ後の「新経済」

西村友作
中国・対外経済貿易大学教授

757
中公新書ラクレ

はじめに

新型コロナ禍の生活を支えた「新経済」

２０２０年1月、中国を突如新型コロナウイルス感染症がおそった。最初に感染が確認された湖北《こほく》省武漢《ぶかん》市はロックダウンが実施され、生活圏レベルの移動ですらもままならなくなった。

またロックダウンかと天を呪った中国人はたくさんいただろう。２００２～03年に流行した「重症急性呼吸器症候群（ＳＡＲＳ）」のときにも都市封鎖が行われたからである。

私は２００２年に生活の拠点を北京に移し、まもなく未知の感染症におびえる社会を目の当たりにすることとなった。当時はいまと状況がまったく異なり、スマートフォンどころか、パソコンやインターネット環境さえも整っていない家庭がほとんど。娯楽といえばサッカーやバドミントン、麻雀やトランプが主流で、人が集まることがなくなり、日常から「楽しみ」が激減した。ペットと戯れようにも、犬を飼うのに高額の「狗証（犬用証明書）」が必要だった時代。閉じ込められた家のなかに「癒し」は皆無だった。隔離疲れした人々の心は荒《すさ》み、隣人トラブルも頻発、のちに当時の人間模様を描いた映画と現代劇が大きな話題を呼んでいる。

モバイル決済をビジネスの基盤として、デジタル技術を活用した「新経済《ニューエコノミー》」が社会の隅々にまで広がる現在の北京と、SARSのときに悲惨な隔離生活を送った北京は比べものにならない。まるで国が変わってしまったようである。

私が勤務する北京の対外経済貿易大学も、20年1月下旬から約5ヵ月間にわたり封鎖された。研究室の大学院生の一人は博士課程の進学試験を控えており、落ち着いた環境で受験勉強をしようと冬休みにもかかわらず学内に残っていた。そのさなかに突然やってきた完全封鎖。キャンパスからは一歩も外へ出ることができなくなってしまった。不自由な生活を余儀なくされ、学内の寮にはほとんど誰も住んでおらず話し相手すらいない。家族や友人とビデオチャットを使って会話をすることで、少しでも孤独感を和らげたようだ。食べ飽きた学食の代わりに出前アプリで好物を注文し、買い物はネットショッピングを利用した。勉強の合間にサブスクリプション動画で退屈をしのいだ。

修士論文は、ビデオチャットを利用して指導を受けた。パソコン画面に映る彼の健気《けなげ》な表情をいまも思い出す。口頭試問や博士課程の進学試験もすべてオンラインで行われた。孤絶した環境の中での努力が報われ、優秀な成績で学位を取得。試験にも合格し、いま博士課程に在籍して夢に向かっている。

彼のように新経済に生活を救われた中国人は多くいただろう。

デジタル技術と人海戦術の「合わせ技」

デジタル技術は新型コロナの抑え込みにも効果を示した。病院内では、5Gネットワークを利用した遠隔医療やAIを用いた医療画像の診断が行われ、感染拡大を防ぐための健康確認アプリも高い精度を誇った。人と人との接触を防ぐためにドローンやロボットが行き来する風景はSF映画そのものである。

それだけではない。効果を発揮しながらも、デジタル技術の限界も認識されるようになった。日本の25倍の国土に14億人が暮らす中国において、感染防止の決め手となったのは、圧倒的なマンパワーによる人海戦術との「合わせ技」だった。

あまり知られていないことだが、中国の都市部には「社区」と呼ばれるコミュニティがある。その社区を管理するのが「居民委員会」と呼ばれる組織である。多くのボランティアとともに、居住区の封鎖やPCR検査など、社区のスタッフが現場の実務を担った。ロックダウン中は彼らがゲートに立って、いちいち人の往来に制限をかけ、通行許可証のチェックや検温を行った。私の友人や学生らもボランティアとして参加し、ここぞとばかりに一丸となって感染対策に取り組んだ。

外国からの渡航者には数週間のホテル隔離が義務づけられた。オンライン申請やQRコードによる管理などデジタル技術が活用される中で、空港やホテルで個々の対応に当たっていたのは防護服を着た大勢のスタッフたちであった。

「投資」エンジンを点火、「数字中国《デジタル・チャイナ》」建設へ

デジタル技術で効率化を図りつつ、マンパワーで新型コロナの抑え込みに成功した中国は、2020年の実質経済成長率は2・3%(21年1月速報値)に達し、主要国の中

では唯一プラス成長となった。

中国はなぜプラス成長を維持できたのだろうか？

全国規模のロックダウンは消費現場を直撃した。新規感染者が激減した20年夏以降、経済活動はほぼ正常化しつつあるものの、いったん蒸発した消費需要は完全には戻らず、前年比マイナスへと落ち込んだ。

危機で成長エンジンに不具合が生じたとき、決まって点火するのは「投資」エンジンだ。例えば、２００８年のリーマン・ショック直後に行われた4兆元（当時の為替レートで約57兆円）におよぶインフラ投資によって、経済はV字回復を果たした。

新型コロナの経済対策についても、「有効投資の拡大」が大きな柱の一つとなっている。キーワードの一つが「新型インフラ」建設である。5G基地局、AI、ビッグデータ・センターといった未来志向型の投資が拡大している。

この「新型インフラ」に代表されるように、中国政府がいま国をあげて進めているのが「数字中国《デジタル・チャイナ》」の建設である。２０２1年3月に公表された『国民経済・社会発展の第14次五ヵ年計画および２０３5年までの長期目標』では、クラウドやビッグデータ、AIなど7つの重点分野を中心にデジタル化を加速させる方針が示された。デジタル人民元の本格導入に向けた実証実験も急ピッチで進められている。

一方で、デジタル技術の負の側面として言われる、悪質な雇用の問題は完全には改善されていない。個人情報が当局の監視に使われるのではという声にも接する。新経済の中核を担ってきたプラットフォーマーに対する規制強化は、どう理解すればよいのだろうか。

新型コロナ禍を経て激変する中国。「変化」の中にはチャンスとリスクが複雑に絡み合い、増幅をくりかえす。その見極めこそが重要である。

本書では、輪郭をあらわす「数字中国《デジタル・チャイナ》」の実態について、「中国式新型コロナ対策」（第1章・第2章）、「激変する新経済」（第3章・第4章）、「短期・中長期的な成長戦略」（第5章・第6章）の3つのテーマから読み解いていく。データ分析やケーススタディといった経済学的アプローチだけではなく、読者がより身近に感じられるよう、北京生活の実体験や友人・知人・教え子たちの悲喜こもごもを織り交ぜて紹介したい。

隣国で広がるコロナ後の経済・社会や国をあげたデジタル・トランスフォーメーション（DX）戦略を理解することは、デジタル化が進む日本の将来を考えるうえで有用であろう。しかし残念なことに、新型コロナ禍で両国民の往来が制限され、日本人が実際に中国に足を運び、自ら体験することが叶わない状態が続いている。

本書が、現在の中国のデジタル社会に対する理解を深め、これからの日本はどのような未来を選択していくべきかを考える一助となれば幸いである。

＊日本円表記は、執筆をスタートした２０２１年7月上旬時期の為替レート、１人民元＝17円、１米ドル＝１１０円で計算している。

目次

はじめに　3

新型コロナ禍の生活を支えた「新経済」　デジタル技術と人海戦術の「合わせ技」　「投資」エンジンを点火、「数字中国《デジタル・チャイナ》」建設へ

第1章　デジタル技術を活用した新型コロナ防疫措置　17

医療崩壊を救ったAI　人に代わって働くドローンやロボット　感染状況を確認するチャットボット　オンライン医療で医師不足を軽減　スマホの「健康コード」　コロナマップ　テレワークツール　新型コロナ禍のキャンパスライフ　オンライン入試はどのように行われたのか？　ポスト・コロナの「新常態」

第2章　中国はどのようにして新型コロナを抑え込んだのか　49
SARSの記憶　新型コロナ発見からロックダウンまでの初期対応
臨時病院を高速建設　「世界の工場」サプライチェーンを総動員
武漢を救った英雄たち　人海戦術でコミュニティ封鎖　流行病学調査　学生のケア　ワクチン接種はどうやって進んだのか　「ゼロコロナ」を目指す中国　2週間の隔離生活　政府に対する信頼度

第3章　変貌するキャッシュレス国家　91
コロナ前から新経済ライフ　ライブコマース元年　物件のバーチャル内覧　ミニプログラム　増える自販機、減るATM　キャンパス内のキャッシュレスライフ　ETCで進んだクレジットカードの普及　デジタル人民元　ブラックな「デジタル農民」　新型コロナ禍で変わる労働市場

第4章　新経済プラットフォーマーの光と影　131

アント上場延期という衝撃

1　アント・グループのビジネスモデル　134

アント＝デジタル決済＋デジタル金融　(1)デジタル決済　モバイル・インターネット時代の到来　ワンストップサービス　「信用データ」の蓄積　(2)投資（インベストメントテック）　オンライン投資「余額宝」　螞蟻財富――スマート財テク　(3)融資（クレジットテック）　信用スコア「芝麻信用」　個人向け小口融資「花唄」「借唄」　中小・零細企業向け小口融資「網商銀行」　(4)保険（インシュアテック）　保険マーケットプレイス「螞蟻保険」　ネット互助「相互宝」

2　プラットフォーマー規制強化の真相　166

アントビジネスの何が問題なのか？　アントの錬金術①――ＡＢＳ

アントの錬金術②——金融機関との連合融資　連合融資の何が問題なのか？　小口融資にメス　ジャック・マー氏の問題演説　アント上場延期の真相

3　今後の展望と課題　191

アント上場資金の使い道　アントの上場に向けて　フィンテック規制が中国経済へ及ぼす影響

第5章　中国経済はなぜ新型コロナ禍でも成長できたのか

コロナ前の経済状況　リーマン・ショックvsコロナ・ショック　個人消費——リアルからネットへの転換　輸出入——「世界の工場」で過去最高の輸出達成　投資——未来志向型のインフラ投資　インフラ投資の原資はどこから　土地関連プロジェクトを制限　中長期的課題

第6章　デジタル国家の未来　235

1　「数字中国《デジタル・チャイナ》」の建設　236
『第14次五ヵ年計画』とデジタル戦略　数字経済　数字社会　数字政府　中国新経済2・0　データビジネス　「養老」ビジネス

2　デジタル人民元の今後　255
中央銀行デジタル通貨とは　デジタル人民元推進の背景　設計と仕組み　ウォレットの仕様　既存のデジタル決済ツールとの違い　デジタル人民元の展望　三極通貨体制への第一歩となるか

おわりに　281

図表作成／ケー・アイ・プランニング
図表作成・本文DTP／市川真樹子

数字中国《デジタル・チャイナ》

コロナ後の「新経済」

第1章

デジタル技術を活用した新型コロナ防疫措置

医療崩壊を救ったAI

新型コロナウイルス感染症が最初に流行した湖北省武漢市。2020年1月23日に都市封鎖（ロックダウン）されたときには、感染者の爆発的増加にともない医療崩壊が発生していた。この未曽有の危機を前に、中国政府は総力をあげて対策を講じることとなる。頼ったのは、民間のテクノロジー企業だった。

中国では、社会問題が顕在化すると、政府が目標・方針を設定し、それを民間企業がビジネスとして解決していくというプロセスをたどることが多い。新型コロナ禍をとおして社会のデジタル化は、この典型的な中国型モデルで一気に進んだといえる。本章ではまず、中国のデジタル社会実装の実態を追うこととしたい。

2020年2月4日、中国の情報通信行政を担う中国工業・情報化部は感染拡大の初期といえるタイミングで、新型コロナウイルス感染症対策に人工知能（AI）を活用する提案書を発表し、テック企業に対して協力を要請している。これに対し、日本でも「BATJ」の通称で知られる百度《バイドゥ》（Baidu）、アリババ（Alibaba）、テンセント（Tencent）、京東《ジンドン》（JD.com）といった巨大プラットフォーマーだけではなく、多くのスタートアップ企業が技術提供に名乗りを上げた。

そもそも新型コロナは当初、「原因不明の肺炎」として発表されていた。崩壊した医療現場では、もともと医療スタッフが不足していたことに加え、日に日に増加する患者の症状が新型コロナか否かを的確に判断できる医師が限られていた。こういう状況の中で診断に大いに活用されたのが、AI画像解析システムである。

システム自体はシンプルだ。AIがコンピューター断層撮影（CT）画像を読みとり、新型コロナウイルス肺炎特有の症状が疑われる場所を警告する。医師は警告された患部について、立体的な形状や患部の大きさといった3D情報を基に、肺炎が新型コロナによって引き起こされたものか否かを診断する。AIが深く、精密に患部を読みとることで、重要情報を見落とす確率を引き下げることができるのだ。

AI画像解析システムの導入によって得られる最大のメリットは、診断スピードが大きく向上し、医療現場の負担軽減につながったことだろう。新型コロナ患者一人のCT画像は300枚ほどあり、医師が肉眼で判断すると5～15分ほどかかるが、アリババの先端技術研究機関である「達摩院《ダーモーユエン》（DAMO）」が開発したシステムを用いれば、20秒で精度96％の検査結果が得られるという。判断時間が短縮し、診察に来た人の滞在時間が短くなれば、院内感染のリスクも引き下げることができ、感染の疑いがある患者を迅速に隔離することも可能となる。

このAIを活用した医療画像解析分野には多くのスタートアップ企業が参入している。その一つが、2016年設立の「推想医療科技（インファービジョン）」だ。もともとはCT画像から肺がんの可能性のある患部を検知するために開発していたシステムを、要請を受けて、新型コロナが引き起こす肺炎にも対応できるよう改良した。300枚のCT画像を10秒程度で診断できる同社の解析システムを導入した武漢同済病院では、3月12日までの50日間あまりで8・1万人の患者を診断し、約6000人程度の新型コロナ感染者を発見し、診断精度は98・3%に達したという。

なお、このAI画像解析システムは日本の医療機関にも導入されている。(株)CESデカルトは、インファービジョンが開発した解析システムを購入、商品化し、申請から3週間という異例のスピードで、厚生労働省から承認を得た。アリババと日本の医療情報サービス会社エムスリーは、「達摩院」のAIアルゴリズムを活用した肺炎画像解析システムを開発。2020年6月に厚生労働省から製造販売承認を取得し、日本全国100に上る医療機関を対象に4ヵ月間の無償支援を行った。

人に代わって働くドローンやロボット

人間同士の接触を防ぐために活用されたのが、ＡＩ搭載のドローン（小型無人機）やロボットだ。

ドローンの世界最大手は、本社を広東省深圳《しんせん》市に構える「大疆創新科技（ＤＪＩ）」。米国商務省がアメリカ製品などの輸出禁止措置の対象に同社を加えるなど、世界的にも知名度が高い企業だ。ドローン産業のお膝元《ひざもと》である中国では、多くのスタートアップ企業が参入し、物流配送や農薬散布などドローンを用いたサービスを開発してきた。新型コロナ対策として、このドローンが投入される機会が急増したのだ。

ドローン物流のスタートアップ企業「迅蟻網絡科技（アントワーク）」は、ＡＩ技術と複数のカメラ・センサーを融合することで、リモコンによる遠隔操作が不要で自律飛行ができるドローンを開発。非常時に開くパラシュートを搭載するなど、安全性にも配慮している。過疎地の郵便配達やフードデリバリーなどで実績を積み上げてきた同社のＡＩドローンは、新型コロナウイルスＰＣＲ検査の検体輸送にも利用された。高い安全性が要求される医療現場での実績は、その後のビジネス拡大にもつながっている。

物資運搬以外には、カメラとスピーカーの搭載されたドローンを用いた遠隔警備や、農薬散布用のドローンによる消毒剤散布も行われた。

物流ではAIを搭載した無人ロボットも活躍した。もともと宅配ニーズの高かった中国では、将来的な労働力不足の懸念やワーカー賃金の上昇を背景に、無人配送ロボットの開発が進められていた。以前私も、浙江《せっこう》省杭州にあるアリババの本社を訪問した際に、巨大な敷地内で多くの無人配送ロボットが動き回っていたのを目にしたことがある。新型コロナでネットショッピングやフードデリバリーの利用頻度が急増する中、「非接触」配送に対するニーズも高まったことで、無人配送ロボットの試験的導入が進んだわけだ。

とりわけ、新型コロナ対策として配送業者の入場が制限されている都市部のオフィスビルやマンション内に、無人配送ロボットは活躍の場を広げている。配達員が建物の入り口で商品を渡すとロボットが受取人の部屋の前まで届けてくれる。途中にエレベーターがある場合でも自ら乗り込むことができ、到着すると、ロボットが電話で通知する仕組みだ。

医療現場では、清掃や消毒、患者の体温測定、さらに医療物資や病院食の運搬を担うなど、さまざまな貢献が確認されている。

ＡＩを搭載した屋外配送は、今のところいくつかエリアを限定するかたちで利用されている。カメラとセンサーで、周囲の車の速度や歩行者、信号を認識しながら走行する。ＡＩがいわゆる運転手である。到着するとスマートフォン（スマホ）に連絡が届くので、受け取り場所に行き認証確認を行うと、ボディの扉が開いて荷物を取り出せるサービスとなっている。

感染状況を確認するチャットボット

感染が疑われる人の追跡や健康状態の確認、情報発信や注意喚起などには、ＡＩを活用した自動通話プログラム「チャットボット chatbot」が利用されている。

ＡＩ：こんにちは。私は〇〇区新型コロナウイルス感染症予防センターの職員です。
　感染症予防のために、あなたの健康状況を確認させてください。本日午前の
　体温は何度でしたか？
市民：36・５度です。

ＡＩ：はい、記録しました。毎日体温測定を続けてください……。

これは中国で実際に導入された、音声認識技術大手の「科大訊飛（アイフライテック）」が提供する音声チャットボットと市民の会話だ。高度な音声認識技術で、電話の声を正確に文字化する。アイフライテックによると、２０２０年1月21日から3月3日の間、新型コロナに関する通知の電話は５８６万回、重点管理対象者への電話は４５５万回、ショートメッセージによる連絡が１６８７万回に達したという。

チャットボットで現場の軽減負担に貢献したのは、アイフライテックのような大手企業だけではない。ＡＩ音声スタートアップの「思必馳科技　AI Speech」は、新型コロナ発生直後から専用チャットボットの開発に着手し、全国28省１２１都市に無償提供し、通話回数は3月5日までに６００万回に達したという。

冒頭で紹介した提案書の発表からおよそ4ヵ月後の２０２０年6月17日、中国工業・情報化部は、新型コロナ対策に大きく貢献したＡＩ企業79社を表彰した。発表されたリストには創業数年の「若い」企業の名がずらりと並ぶ。中国のテック企業というと、ＢＡＴＪのような巨大プラットフォーマーが注目されがちだが、真の強みはスタートアップ企業の裾野の広さにある。活力に満ちた若いスタートアップ企業が生み出すイノベーションが、中国の経済成長を牽引《けんいん》し、よりよい社会の創造に寄与している。

オンライン医療で医師不足を軽減

新型コロナ戦線最前線の医療現場で進んだ、オンライン医療の実情も見てみよう。国家衛生健康委員会（衛健委）は2020年2月3日に「新型コロナウイルス感染症の予防・抑制業務における情報技術活用強化に関する通知」を発表し、オンライン医療サービスの利用を積極的に呼びかけた。

第5世代移動通信システム「5G」を利用したオンライン医療は、湖北省武漢市にわずか10日間で作られた臨時の新型コロナ専用病院「火神山医院」「雷神山医院」で全国に先駆けて導入されている。短期間に敷設された高速インターネット環境、ネット通信設備の多くはファーウェイの寄付によるものである。

重症患者向けの病床数は、火神山医院が1000床、雷神山医院が1600床である。優秀な医師が集う北京の病院などとオンラインで結ぶことで、医師不足の問題を解消している。例えば、火神山医院では、オンライン会議システムを通じ、中国人民解放軍総医院の専門医師たちと患者データを共有しながら合同診断を実施。また、移動式液晶モニターを通じた遠隔での立ち会い診察も行われた。

このように、新型コロナ対応で進んだオンライン医療は、それ以外の患者にも活用されたことは特筆すべきである。慢性病患者は定期的に病院を訪れ、薬を処方してもらう必要がある。感染流行期に、病院に来訪者が増えると、院内感染のリスクが高まる。日本の医療現場がぶつかった問題に対し、中国はいかにして解決を図ったのか。国家医療保障局と衛健委は2月28日、「新型コロナウイルス感染症予防・抑制期間における『インターネット・プラス』医療保険サービスの推進に関する指導意見」を発表し、条件を満たすオンライン医療の一部に保険を適用し、慢性病患者が病院に行かなくても薬を購入できる政策を講じている。慢性患者の通院問題には、関連規制を緩和することで対応したのである。

中国では、平安保険の「平安好医生（ピンアン・グッドドクター）」や京東集団の「京東健康（JDヘルス）」などの医療アプリは以前から普及していたが、新型コロナ禍を機に、プラットフォーム上での診療件数は増加した。

試しに、「平安好医生」を使ってみた。登録数3000人超の専門医によるオンライン問診が強みで、病院の予約や、医薬品などのネット通販もカバーしている。

　さっそく自分の基本情報を入力して、ＡＩ問診をスタート。はじめにアンケートで症状を答え、患部の写真画像を登録すると、症状に合った専門医を紹介してくれる。医師のレベルによって診察料は異なるようだが、今回は1元（約17円）／15分で診《み》てくれる先生を選択し、スマホで決済を終えるとチャットが始まる。診断結果をもとに、デジタル処方箋を出してもらえるので、そのままネット上で薬を購入することができる。

　中国の病院は一部を除き基本的に前払い方式をとるので、診察前にデポジットを払わないと治療は始まらない。それも診察前、検査前、薬を受け取る前と、すべての段階で別々にお金を払う必要があり、それぞれかなりの待ち時間を要する。私は中国では医師に診てもらうほどの病気を患ったことは無いが、北京の友人に付き添って何度か行った病院では長時間待たされた記憶がある。診察前には、どの科で、どの医師に診てもらうか、まず「挂号《グアハオ》」（受付）する必要がある。診察の結果、ＣＴやＸ線などの機器を使った検査が必要となれば、再度、並んで受付し、検査費用の支払いを済ませる必要がある。薬をもらう場合も、同じように並ばなければならない。

　一方、オンラインだと時間や場所を気にすることなく気軽に病気を診てもらうことができる。薬も早ければ1時間ほどで自宅まで届くので、急な発熱のときなどにも役立ちそうだ。

スマホの「健康コード」

マスクの着用、ソーシャル・ディスタンスの確保に加え、新型コロナウイルス感染対策として中国社会で最も日常に浸透しているのが、自分の健康状態をスマホ上で証明できる「健康コード」だ。地方によって仕様が異なり、北京では「北京健康宝 Health Kit」と呼ばれている。

「健康コード」が無いとどこにも行くことができなくなるため、ほぼすべての国民が登録している。初期の登録時には、氏名、電話番号に加え、顔写真付きの身分証（外国人はパスポート）の写しのアップロードを要求される。身分証番号と顔認証情報を登録するためだ。身分証番号がわかれば、政府データベースに保存されている住所や性別、生年月日などの個人情報にもアクセス可能となる。中国人だけでなく、我々外国人も最寄りの派出所で「住宿登記」を定期的に行っているので、すべての情報が紐《ひも》づいている。

また、飛行機や鉄道チケットの購入、ホテルや病院などの利用でも身分証明書が必要だ。

図1-1　北京の公園の入り口に設置されている「健康コード」 2021年5月、筆者撮影

つまり、中国国内で暮らす人のほぼすべての情報が一ヵ所に集約されているのである。

「健康コード」の最も一般的な利用方法は、観光地や商業施設に入場する際の健康チェックだ。施設側がプリントアウトして入り口に貼りつけているQRコードをスキャンすると、緑色の「異常なし」、黄色の「自宅観察」、赤色の「集中観察」の三段階で表示される。入場時の健康チェックに加え、利用者がどの施設に立ち寄ったかをトラックできる仕組みとなっている（図1-1）。

このような大掛かりかつ高度なシス

テムは政府だけの力では当然不可能だ。アリババやテンセントといった、中国屈指のテクノロジー企業のノウハウが詰め込まれている。具体的には、利用者の行動履歴や詳細な位置情報などに政府がもつ感染情報などを組み合わせたビッグデータを、AIで分析することで感染情報を可視化しているのだ。

最初はおもに健康状態の確認に用いられた「健康コード」だが、何度も改良が重ねられ、PCR検査やワクチン接種のデジタル証明書にも利用できるようになった。

「疫苗接種完成（ワクチン接種完了）」

2021年6月、私の「北京健康宝」の表示が変わった。2回目の新型コロナワクチンを打ったわずか10分後だった。接種したワクチンの種類や接種日など、簡単な情報であればスマホの画面上で確認できる。

スマホ上で結果の確認ができるだけでなく、ワクチン接種証明書も発行可能だ。アプリ内に「証明書のエクスポート」機能があり、タップすると専用URLがコピーされる。ブラウザにペーストすれば、PDF形式の電子接種証明書が表示される仕組みとなっている。それをメールに添付して送信してもいいし、SNSで送ることもできる。私は大学の担当者にウィーチャットを使って送付したが、初めて操作したにもかかわらず、すべての作業時間は1分もかからなかった。

証明書には、接種者の氏名、性別、生年月日、身分証番号、住所、電話番号などの個人情報に加え、接種したワクチンの種類やコード番号、接種日、担当クリニックなどが記載されている。証明書発行者の電子署名（押印）まで図示されるという手の込みようだ。

なお、各地方によって運営されている「健康コード」のシステムは統合されておらず、「北京健康宝」を上海に持って行っても使えない。導入当初はトラブルも相次いだ。今でこそ随分と改善されたが、以前は旅行や出張のたびに、当地のアプリ上で基本情報を入力しなければならず煩雑だった。明らかにシステム上のバグなのに、「健康コード」の色が緑ではないために宿泊や搭乗を拒否されたケースもあったという。

都市を跨《また》いだ移動先で、「健康コード」と同時に提示するのが、もう一つのデジタル証明書「通信行程卡」だ。私も出張先のホテルでよく提示を求められた。健康状態を証明するものではなく、過去にどの都市に立ち寄ったかがわかるシステムで、中国移動（チャイナ・モバイル）、中国聯通（チャイナ・ユニコム）、中国電信（チャイナ・テレコム）の通信三大キャリアが提供するビッグデータが使われている。携帯電話はつねに近隣の無線基地局と電波でつながっており、その基地局の所在地で利用者の位置情報を特定。過去14日間に4時間以上滞在した都市がスマホに表示され、自分がどこから来たのか、感染拡大地域に行っていないかなどを証明できる。

コロナマップ

市中感染の拡大を防ぐためには、迅速かつ正確な情報公開を通じ、国民の予防意識を高める必要がある。政府は、感染者情報、病院や交通機関などの公共部門のデータを日々公開しており、それを民間プラットフォーマーが独自のノウハウと組み合わせることで、リアルタイムで国民に伝達している。

私が利用しているのは「今日頭条 Toutiao」。TikTok（ティックトック）を運営する字節跳動（バイトダンス）が提供するニュースアプリだ。売りはＡＩを用いたビッグデータ解析で、日々更新される大量の記事を独自技術で分析し、読者ごとにカスタマイズしたニュース配信を行っている。

この「今日頭条」のアプリを開き、「抗疫（防疫）」タブをタップすると、国内外の新型コロナ情報がずらりと並ぶ。

国内の感染者情報は、国家および省レベルの衛健委が日々発表しているデータが利用されている。新規・累計・無症状感染者数、濃厚接触者数、死亡人数、完治人数など中国全土の現状が把握でき、諸外国の関連情報も公開されている。また、都市ごとの詳細情報も確認でき、私の住む北京市では、市内15地区の住人に加え、海外や市外からの入京感染者数などがわかる。

驚きなのは市中感染者の詳細情報だ。感染者の行動履歴、立ち寄った詳細情報を記したコロナマップなどが公開されている。例えば、「患者55」のようにナンバリングされた匿名の感染者が、「７月22日湖南省張《ちょう》家界《かかい》市へ旅行」「７月30日18時15分南方航空の飛行機で三亜《さんあ》市から北京に戻る」といったように、いつどこに行ったのか、何をしたのか、どの公共交通機関を使ったのか、といった詳細情報を見ることができる（図１−２）。

また、コロナマップを開くと、周囲５㎞以内に感染者が立ち寄った場所がいくつあるかといった周辺情報を自動で教えてくれる。地図上には、感染者が住んでいるマンションや立ち寄った場所が示されており、アイコンをタップすると場所の名称や該当患者の行動履歴が確認できる仕様となっている。

このような感染者が発生した場所などは、中・高リスク地区に指定され重点的に管理

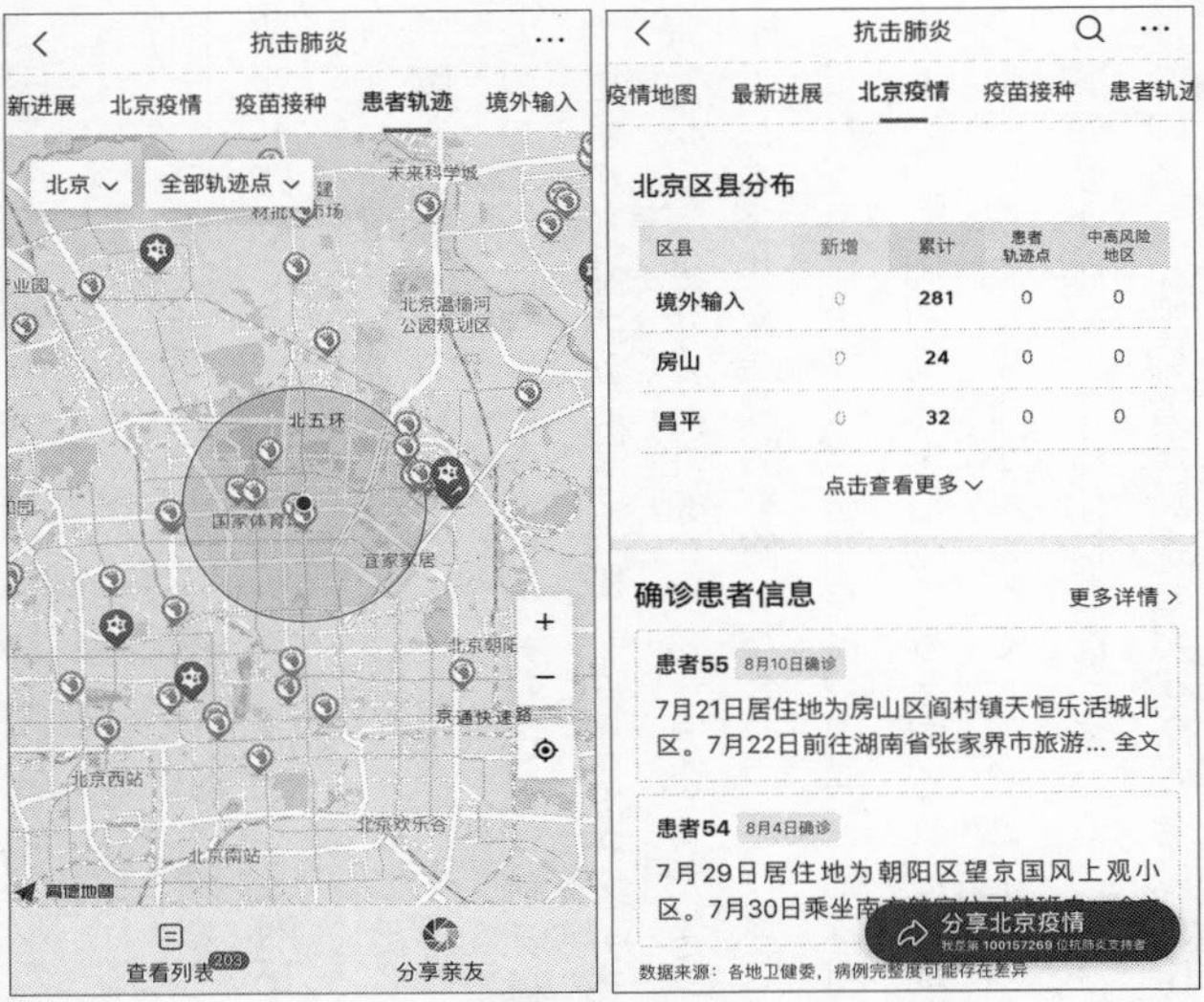

図1-2　コロナマップ（左）と感染者行動履歴（右）の画面　2021年9月、筆者撮影

される。例えば、北京では、「北京市新型コロナ肺炎疫情リスク分級標準」において、14日間以上の新規感染者数がゼロだと「低リスク地区」、14日間以内に2つ以上のクラスターもしくは5人以上の発症者が出れば「高リスク地区」、その間は「中リスク地区」といった基準で決定される。指定エリアは、「小区（団地）」などコミュニティごとに細かく区分けされ、さらに細かくなると、マンションの一棟や宿舎などが指定されるケースもある。このようなエリア

にいったん足を踏み入れると出てこられなくなる可能性がある。日々のチェックは欠かせない。

さらに、中国国内で市中感染が見つかりエリアが広がり始めると、各地で独自の防疫政策が実施される。例えば北京市では、14日以内に中・高リスク地区が存在する都市に滞在した人を対象に、北京行きチケットの購入制限を実施したことがある。旅行や出張などで北京を離れている間に、旅先がリスク地区に指定されれば、航空・鉄道チケットの購入に制限がかかり北京に戻ってこられなくなる。「今日頭条」では、出発地と目的地の都市名を入力すれば、中・高リスク地区の有無やそれぞれの都市で実施されている都市を跨ぐ移動に関する具体的政策を事前に調べることができる。私も出張前には必ずチェックするようにしている。

ここで紹介したような感染情報以外にも、現在地付近にあるＰＣＲ検査やワクチン接種会場を調べることができ、会場がオンライン予約に対応している場合はアプリから直接予約できる機能も搭載されている。

テレワークツール

中国に限らず、新型コロナ禍で世界的に普及したのが、オンライン会議ツールやビジネス向けSNSだろう。

オンライン会議ツールは、日本ではZoomやMicrosoft Teamsがよく使われているようだが、中国ではテンセントの「騰訊会議 Tencent Meeting」を使う機会が多い。ビジネス向けSNSでは、アリババ系の「釘釘 Ding Talk」やテンセント系の「企業微信 WeChat Work」が中国でも幅広く使われるようになった。

そもそも中国にはユーザー数10億人を超えるSNS「ウィーチャット」が広く普及し、職場や顧客とのやりとりでも積極的に使われている。

「加个微信吧（ウィーチャットを交換しましょう）」

これはビジネスシーンでもよく聞く中国語だ。中国では、オフィシャルな会合で初対面の相手と挨拶を交わす場合においても、じつは名刺を交換することがほとんどない。その代わりにウィーチャットでつながり、氏名、電話番号、社名などのテキスト情報もしくは名刺の画像データを、チャット機能で送信するのが一般的なスタイルとなっている。最近では私も、外国人がいない会合に参加する場合は、名刺を持ち歩かなくなった。

私が勤務する大学では、職場の事務連絡をはじめ、サークル活動の連絡、学外の仕事のやりとりでもすべてウィーチャットを使う。講義で使用する資料の配付や課題の伝達にも使うため、新学期の初めての授業では学生にアカウントを公開し、クラス全員のチャットグループを作成する。

このように、社内や顧客との連絡はウィーチャットを使うのが一般的となっているので、ビジネス向けＳＮＳはそれ以外で使われることが多い。

私の大学が使っているのは、先述した「企業微信」である。学内通知や電子メール、スケジュール管理、電話帳といった一般的な機能以外にも、図書管理システムやオンライン授業システムのような大学ならではの機能も兼ね備えている。

この「企業微信」は新型コロナ対策にも利用されている。日課となっているのは、日々の健康報告である。教職員番号、氏名、性別、年齢、所属などの基本情報に加え、直近の離京、入京日時や利用した公共交通機関、現在の所在地、本人および家族の健康状況や、新型コロナ感染者との接触情報などを報告する。内容は定期的に変更されており、ワクチン接種が始まってからは、接種の有無や接種日、未接種者はその理由を報告しなければならなくなった。

図1-3　対外経済貿易大学に設置された通門管理システム。QR コードをスキャンするとゲートが開く　2021年９月、筆者撮影

大学構内に入るのにも、「企業微信」での申請が必要となり、キャンパスの風景は、新型コロナ感染拡大を機に一変してしまった。学内に入るすべての門に、顔認証もしくはＱＲコードによる通門管理システムが導入され、部外者は自由に出入りすることが禁止されたのだ（図1-3）。

大学はキャンパス内の緑化に力を入れており、街路樹が生い茂り芝生が広がる広場はかつて、学生、教職員、さらには地域住民が自由にたたずむことができる憩いの場だった。サッカーグラウンドやバスケットコートは近所の小中高生で溢《あふ》れ、日暮れの時間帯には子連れの夫婦や犬の散歩をする老人など、多くの地域住民をよく見かけたものである。このようなキャンパスの風景は、もう二度と目にすることはできないかもしれない。

申請そのものは難しくはない。教職員番号、氏名、学部を記入し、入構するゲートを選択する。本人および家族の健康状態、過去14日間の行動履歴、感染者との接触の有無、居住区のリスク状況などの情報を提供しなければならない。一見面倒なようだが、氏名などの情報はすべてアプリ上に記憶され再入力は不要だし、その他はすべて選択方式なので、慣れれば数十秒で完了する。申請が通るとＱＲコードが付与されるので、それをスキャンすればゲートが自動で開く仕組みだ。

車両の入場ゲートでも、車両ナンバー認識システムが導入されている。専用カメラでナンバープレートを読みとり、事前に登録したナンバーと照合する。なお、北京市のほとんどの駐車場でこのようなシステムが導入されており、事前に登録していなくても入庫から出庫までの時間管理がペーパーレスでできるようになっている。

新型コロナ禍のキャンパスライフ

中国国内で新型コロナウイルス感染が猛威を振るっていた２０２０年上期。感染を抑制するための行動制限が強化される中、我々は生活の多くをオンラインに頼らざるを得なくなった。教育現場でも、「停課不停学（授業を止めても、学びは止めない）」というスローガンの下、オンライン化が急激に進んだ。

中国では危機への対応速度は本当に速い。新学期開始の延期や帰省している学生の登校禁止などの通知を受け取ったのは1月26日。1週間後の2月2日には、新学期に情報通信技術（ＩＣＴ）を活用したオンライン授業を本格導入することが決まっている。その後、急ピッチで準備が進められ、当初の予定通り2月24日に新学期がスタートした。

修士・博士課程の指導教官には、ウィーチャットを使った学生管理が要請された。私が指導する学生たちも修士論文の初稿提出期限が迫ってきており、メールやテキストメッセージだけでなく、オンライン会議ツールなどを利用して指導を行った。

じつは、授業や学生指導以外の業務に関しては、大学内のデジタル化はかなり進んでいた。私は２００２年から北京の大学に身を置いているが、とくにこの数年の変化は目覚ましい。例えば、学期末に提出するタームペーパー（小論文）。学生がパソコンで作成した論文をシステム上にアップロードして提出すると、中国国内で発表された過去の論文を参照し、自動的に複写率（他の論文などからの無断引用の割合）が算出される。

20％以下で合格、20～40％は減点、40％を超えるとその科目は落第となる。学位論文だとこの比率はさらに厳しくなり、20％を超えると口頭試問に参加できず卒業できなくなる。私の指導した学生たちの修士論文もこのような事前審査をクリアし、オンラインで行われた口頭試問にも無事に合格した。しかし、卒業式もオンライン開催となってしまい、学位服すら着ることが叶わなかった。毎年門下生全員を集めて開催している卒業パーティも当然中止に。それから1年後の2021年6月。当時の学生のために学位服を用意し、門下生たちとともに記念撮影をしたとき、目を潤ませ喜んでいたのをよく憶えている。

オンライン入試はどのように行われたのか？

新型コロナ禍においても中止にできないイベントが存在する。一年に一度の入学試験だ。

学歴をきわめて重視する中国において、現代版科挙ともいえる中国の全国大学統一入試、通称「高考《ガオカオ》」は人生最大のイベントといっても過言ではない。「高考」は例年6月7～8日に行われるが、2020年は新型コロナウイルスの影響で1ヵ月延期となった。

受験者総数が1000万人を超える試験はオンラインではとても対応しきれない。きわめて厳重な防疫対策が施された中で行われ、幸いにして大規模な集団感染は発生しなかった。

大学院の入試は「高考」よりも数ヵ月前に実施される。大学院修士課程（マスターコース）の筆記試験はコロナ前にすでに行われており、合格者を対象とした面接試験はオンラインで行われた。一方、博士課程（ドクターコース）の筆記試験は3月に予定されていたが、なかなか収束しない感染症の影響で、実施に踏み切ることができなかった。6月の卒業までには入試を終える必要があり、結局、約3ヵ月遅れてオンラインで筆記試験が行われることとなった。面接試験と違い、筆記試験となると難易度は格段と高くなる。ここでは「はじめに」で述べた私の学生が受けたオンライン入試の状況を紹介したい。

受験生が準備するものは、ウェブカメラ付きのパソコン、スマートフォン、解答用紙、筆記用具。受験じたいはオンラインの仮想空間で行われるが、実際にパソコン操作をして試験を行う現実空間は、受験生以外に誰もいない部屋であれば場所は問われない。

試験はオンライン会議ツールを使用する。一つの試験会場の規模は、試験監督官が2

人、受験生が10〜20人程度。受験生は事前に送られたミーティングＩＤとパスワードでログインし、カメラの調整を行う。具体的には、パソコンに接続されたウェブカメラは、正面から顔と両手が見えるように設置し、スマホのカメラで側面から受験生と机全体を映し出す。

試験前の検査も厳格だ。周囲に参考資料などが無いか、事前に準備した解答用紙上に書き込みが無いかなど、時間をかけて細かくチェックされる。それが終わると、オンライン上に試験問題がアップデートされる。受験生はまず問題をすべて解答用紙上に書き写し、それが終わると正式に試験が開始される。

試験中にも厳しいチェックが行われる。ランダムに指名された受験生がスマホを使って部屋の状況をライブで報告し、異常が無いか検査を行う。万が一、席を立つなど受験生の異常な行動を発見した場合、室内環境に変化が無いか再チェックを行う。このような試験前、試験中の厳格な監督により、「カンニングはほぼ不可能な状況」（受験生）という。

問題を解き終えたら、スマホに事前にインストールしておいた専用アプリを使って解答用紙をスキャンしＰＤＦに変換、指定されたメールアドレスおよびウィーチャットのオフィシャルアカウントへと送付する。監督官が受け取りを確認した後、ログアウトして試験終了となる。

このようなオンライン筆記試験は、受験者が少人数であること、問題数が少なく思考問題が中心であることなど、導入できる条件は限られている。約1000万人が受験する「高考」や400万人弱が受験する「考研《カオイエン》（修士課程入試）」への導入は、現時点では難しいだろう。

ポスト・コロナの「新常態」

以上見てきたように、さまざまな対策を講じて、中国では、新型コロナウイルスの抑え込みに成功し、2020年下半期にはほぼ日常を取り戻した。9月からの新学期では、留学生を除く中国人学生たちはいつものように大学構内の寮に住み、講義も対面式に戻っている。そのような中でも、新型コロナ禍で開発された便利なデジタルツールの利用は続いている。

私は対外経済貿易大学以外に、山東財経大学でも2020年8月から「特聘教授」を兼務しており、講義や大学院生の論文指導、若手研究者の育成などを負っている。私の住む北京から約400㎞離れた山東省済南《さいなん》市に毎週通勤するのは困難をともなうが、講義は3分の2をオンラインで対応し、論文指導もSNSとオンライン会議ツールを使って定期的に行っている。新型コロナ禍でオンラインツールが普及したことで、仕事の幅も大きく広がった。

2021年3月に実施された大学院生面接試験もオンライン方式だった。面接そのものはウェブカメラ付きのパソコンで行うが、不正防止のためにスマホも使う。スマホのカメラを使って学生の部屋を360度チェックしたあと、本人の真横に設置して側面から受験生と机全体を映し出すのだ。我々面接官は大学の教室に集合しており、受験生1対面接官5で、専門知識、英語力などをチェックする。このときに初めてオンライン面接試験を経験したが、リアルの面接と比較しても遜色ないと感じた。

面接試験だけではなく、シンポジウムやミーティングなど、さまざまなシーンでオンライン会議ツールが使われている。時間の節約や交通費負担の軽減などにもつながるため、これは今後の「新常態」となっていくだろう。また、本章で紹介した、ドローンやロボット、チャットボットなど、AIを活用したさまざまな技術も中国社会で利用が増えていくと見られる。例えば、2021年7月20日に中国河南省で発生した豪雨による災害時にもドローンが活躍した。大雨で通信設備が甚大な被害を受けて通信不能となったエリアに、チャイナ・モバイルは大型ドローン「翼龍《イーロン》」を派遣し電波を供給。被災者は、その間に家族などに安全報告を行うことができたという。

一方で、中国では日常におけるリモートワークはほとんど定着しなかった。出勤ピーク時の地下鉄は、相変わらずの人混みで大混雑している。オンライン会議ツールを使って家にいながら友人たちとお酒を飲む「雲喝酒」（クラウド飲み）は、新型コロナの収束とともに行われなくなった。人間はやはり対面でのコミュニケーションを求めているようだ。

ここまでは、デジタル技術を活用した新型コロナ対策を中心に、中国におけるデジタル社会実装の現状を紹介してきた。ビッグデータ、ＡＩなど、表面的には先端技術をちりばめたようにも見えるが、その実態を見れば、「安価で豊富な労働力」を活かした「労働集約型」のビジネスモデルとなっている。

例えばＡＩ技術では、人手によるアノテーション（タグ付け）が不可欠となっている。機械学習アルゴリズムは、タグ付きのデータを読み込むことでパターンを認識するため、正確なタグが付いていないデータは、ＡＩは正しく学習することができない。例えば、学習前のＡＩは人間の顔の画像を見ても「人」と判断できないため、「目」「鼻」「口」など人間の顔の細かな特徴を人の手で入力する必要があるのだ。データが増えれば増えるほど、ＡＩは賢くなり、次第に画像が何なのか判断できるようになる。中国のＡＩ産業の急速な発展を支えているのは、地味な学習作業を手がける地方の低賃金労働者なのだ。同時に、アノテーションは貧困地区の新たな収入源にもなっている。

自動配送ロボットやドローンなどを使った宅配サービスも一部では始まっているが、今のところ人に運んでもらった方が早くて安い。中国で幅広く普及しているデジタルサービスの裏には、「農民工」（農村からの出稼ぎ労働者）というエッセンシャルワーカーの存在がある。無人化・省人化技術の開発は進められているものの、まだまだ発展途上で、「労働集約型」モデルに頼らざるを得ないのが現実だ。

本章で紹介したように、さまざまなデジタル技術が新型コロナ対策に用いられ効果を発揮したが、感染防止の決め手となったのは、14億人という国民を総動員した、圧倒的なマンパワーによる人海戦術との「合わせ技」だった。これについては、次章で詳しく紹介する。

第2章

中国はどのようにして新型コロナを抑え込んだのか

SARSの記憶

感染症のパンデミック（世界的大流行）では、中国人には色褪《いろあ》せない記憶がある。中国では俗に「非典型性肺炎」と呼ばれる、重症急性呼吸器症候群（SARS）だ。

中国広東省で最初のSARS症例が報告されたのが2002年11月。大学教員になるための必須条件である博士号取得を目指していた私は、生活の拠点を日本から北京へと移し、新たな生活を始めた直後だった。当初は中国南部で流行していた感染症を、北京に住む私は意に介していなかった。いや、自分に余裕が無かったといった方が正しい。経済学を中国語で学ぶのは初めてで、専門用語もよくわからず、授業では教授が何をしゃべっているのかさっぱり聞き取れない。寝る間を惜しんで予復習や課題をこなす毎日が続き、教室の外で何が起こっているのか気に掛ける暇がなかったのだ。

冬休みを終えて新学期が始まったばかりの2003年3月に、思いがけずSARSが大流行の兆しを見せ始める。

発生地の広東省から全国各地に急速に広がったおもな要因は何か。春節（旧正月）の時期に急激に交通量が高まる「春運《チュンユン》」だったのである。北京で就職している地方出身者や農村部からの出稼ぎ労働者の多くは、春節を故郷の家族や親戚と過ごすために帰省する。一般的に「春運」は、春節前15日、後25日の計40日間に起こるラッシュを指し、春節前は都市部から地方へ、春節後は地方から都市部への移動が増す。

２００３年の春節は2月1日。春節を一緒に過ごそうと安徽《あんき》省の友人宅に招かれたが、チケットを購入できず断念。結局北京で年越しを迎えた。この年の「春運」期間は1月17日~2月25日で、期間中にのべ18億人超が大陸を移動した。ＳＡＲＳが全国へと広がり始めたのがこの直後だった。

私が生活していた北京では、4月になるといたる所で封鎖式管理が実施され始める。留学先の大学が封鎖されたのは4月23日。封鎖される前に食べ物を確保しようと多くの市民が買占めに走り、最寄りのスーパーの売り場から食品が無くなった光景にショックを受けたものである。

閉じ込められた家の中に「娯楽」はなく、隔離疲れした人々の心は荒み、隣人トラブルも頻発した。今でこそ高速通信網が全国各地に広がっている中国だが、当時はスマホどころか、パソコンやインターネット環境さえも整っていない家庭がほとんど。中国互聯網絡信息中心（ＣＮＮＩＣ）によると、２００３年6月のインターネット普及率は

5・3％に過ぎなかった。私が学生寮で使っていたのもダイアルアップで、通信速度はきわめて遅く、メールや検索に使う程度だった。

結局、世界保健機関（WHO）がSARSの終息宣言を発表したのは2003年7月5日。最初の症例報告から約8ヵ月間に及んだ混乱は、中国社会に大きな爪痕《つめあと》を残したが、ここで学んだ経験が今回の新型コロナウイルス感染症対策に大いに活かされたといえる。

一つは法制度の整備だろう。SARSが猛威を振るうさなかの2003年5月に「突発公共衛生事件応急条例」が施行され、突如発生した、大型伝染病などへの対応が明文化された。また、「中華人民共和国伝染病防治法」には、伝染病患者の隔離治療や濃厚接触者の隔離観察、都市封鎖（ロックダウン）などの法的根拠が記載されている。

以下では、今回の新型コロナウイルス感染拡大に対し、SARSの経験がどのように活かされ、現場がどのような対応をしたのか見てみよう。

新型コロナ発見からロックダウンまでの初期対応

中国で初めて新型コロナウイルス関連の情報が対外的に発信されたのは2019年12

月31日。武漢市で原因不明の肺炎患者が27人確認されたとの内容で、即日日本でも報道されている。当時私もSNSで以下のようなコメントを発していた。

２００３年に流行したSARSは、私も現場で目の当たりにしました。大学の反応は迅速で、休校通知を出すと同時に、大学の出入りを制限。学内の教員、学生たちはかなりパニック状態にあったと記憶しています。SARSは春節時期の人口大移動で全国に広まりました。今年の春節は1月25日。今回の肺炎に関しても、注意が必要ですね。
（２０２０年1月1日、NewsPicks）

その直後の1月3日に44人、5日に59人の原因不明のウイルス性肺炎患者が確認されたと、武漢市衛生健康委員会（衛健委）は報告している。

原因不明では対策も限定的になるため、病原体の特定が急がれていた。1月9日に国家衛健委の専門家チームは、原因不明のウイルス性肺炎の病原体は新型コロナウイルスであると初歩的な判断を下した。1月12日、これまで「原因不明」とされていた表現が、「新型コロナウイルス感染による肺炎」と変更され、正式に発表されている。

ヒト・ヒト感染の可能性や感染経路についても研究は進められていたが、最終的な判断には至らず、1月18日、政府は上級専門家チームを武漢市に派遣し調査を実施した。チームを率いたのは、中国の工学・技術科学分野における最高称号「中国工程院院士」を有する鍾南山《ジョンナンシャン》氏。SARSが感染拡大した時期に最前線で戦い続けた、SARSの名づけ親としても知られる呼吸器疾患分野の第一人者だ。現地で調査研究を行った上級専門家チームは1月20日、新型コロナウイルスのヒト・ヒト感染を確認したと正式に発表した。

人を介して感染が拡大するのであれば、人流抑制が不可欠となる。運の悪いことに、春節（1月25日）を間近に控え、一年で最も人の移動が増加する「春運」の時期だ。2020年は約30億人が移動する見込みで、このときは「春運」開始から10日が過ぎており、すでに多くの人が帰郷していた。

ここからの対応は迅速かつ大胆だった。1月22日、習近平《シージンピン》国家主席は湖北省全域および武漢市に対する厳格な人流・交通規制を指示。1月23日午前10時、武漢市の空港や駅など他市とつなぐ交通網を遮断し、事実上のロックダウンが始まったのである。武漢市の人口は東京と同規模の約1100万人、湖北省全体では5900万人を超える。中国人が一年の中で最も重視する春節の直前に、この規模の大都市を封鎖するというのはきわめて異例の判断だといえよう。

全国的にもさまざまな対応措置が矢継ぎ早にとられた。例えば、すべての学校を対象に、新学期開始の延期や帰省している学生の帰校禁止などの決定が下された。また、１月27日に春節の連休を３日間延長すると発表されていたが、北京や上海、広州などの大都市では、特定業種以外の一般企業でさらに長い期間を休日とする対策もとられた。目的は明確、「春運」の後半部分、つまり都市部へのＵターンラッシュを最小限に抑える措置であった。大都市には大企業だけでなく大学などの教育機関が集中し、出稼ぎ労働者も多く集まる。ウイルスに感染した潜在患者が「春運」で移動し、さらなる大型感染を引き起こせば、都市機能はマヒしかねない。

これら一連の措置は、「春運」後に北京で爆発的に感染が広がったＳＡＲＳの経験を踏まえた判断だったと考えられる。中国交通運輸部によると、２０２０年の「春運」期間（１月10日〜２月18日）の旅客数は前年比50・５％減の14・８億人だった。中でも、前半の１月は12・７億人が移動したのに対し、後半の２月は１・86億人と激減していた。

臨時病院を高速建設

新型コロナウイルスとの戦いにおいて、中国政府が採ったのが、患者の集中、専門家の集中、資源の集中、治療の集中という「四つの集中」原則だった。全国規模で見ると、ロックダウンした湖北省や武漢市に対し、ヒト・モノ・カネを短期間で集中的に投入したわけだ。

武漢市で急増する新型コロナ患者に対応するためには、既存の病院では圧倒的に足りない。対応策として、臨時の新型コロナ専用病院を建設し、病床数を確保している。専用病院の建設においてもＳＡＲＳの経験が活かされた。武漢市に新しく建設された臨時の専用病院「火神山医院」「雷神山医院」がモデルにしたのは、ＳＡＲＳの流行抑制に大きく貢献した「北京小湯山医院」だ。病床数１０００床の「火神山医院」は、当時の設計図を参考に着工からわずか10日間で完成している。

設計スピードを高めるために導入されたのが、ＢＩＭ（Building Information Modeling）だった。コンピューター上で3次元の建物のデジタルモデルを組み立てて設計できる技術である。途中で設計変更が入っても、２次元の図面に戻って修正する必要が無く、全体の設計時間を短縮できる。「火神山医院」は２０２０年1月23日から設計を開始し、

３日後の26日にはすべての設計図が完成した。

建築現場では、独自の衛星測位システムとプレハブ工法が用いられた。衛星測位システムは、米国では「ＧＰＳ」、日本では「みちびき」が運用されているが、中国では独自に開発した「北斗」を展開している。これを利用することで、短時間で精度の高い測量が可能となる。プレハブ工法とは、壁や天井、床など建築物の基礎部材をあらかじめ工場で作っておき、現場に持ち込んで組み立てる建築手法を指す。結果的に、設計・建設時間の大幅削減に成功し、病床数１６００床の「雷神山医院」もわずか12日で完成したという。

臨時病院に加え、専門病院や総合病院も増改築され、それまで１０００床だった重症者用ベッドは短期間で９１００床に達した。

当時の武漢市では新規感染者数が爆発的に増加していたが、そのうち８割程度が軽症者だった。重軽症を問わずすべての新型コロナ患者の病床を確保するために、体育館やコンベンションセンターなどを改造し、16ヵ所の軽症者用の臨時病院が設置されている。病床数は１・４万床を超え、累計で１・２万人超の患者を収容し治療を行った。

技術だけでは病院は建設できない。湖北省内だけではなく、全国各地から約４万人の労働者が集められ、数千台の建設機械が運び込まれた。現場は24時間体制で、昼夜を問わずフル稼働。臨時病院を短期間で完成させることができたのは、まさに技術と人海戦術の「合わせ技」だった。

「世界の工場」サプライチェーンを総動員

驚異的なスピードで臨時病院が完成できた裏側には、中国の経済成長を支えてきた「世界の工場」の存在もあった。「火神山医院」「雷神山医院」の建設に使用されたプレハブを製造したのは、河北文安工業新区のコンテナハウス生産基地。河北省に位置する北部地区最大の生産拠点だ。政府は春節期間で帰省していた従業員たちを急遽《きゅうきょ》呼び戻し、3500ユニットのコンテナハウスが製造された。

医療物資の生産能力も急速に高められた。武漢市の病院には、人工呼吸器や救急車、マスク、防護服、消毒液といった大量の医療物資が全国から届けられた。しかし、当時の医療メーカーの生産能力を強化するだけでは、増え続ける患者に対応できない。急激な需要増を背景に、マスクや防護服、消毒液などの分野には、衣料メーカーなど他業種からの参入が相次いだ。「世界の工場」として世界向けにさまざまな製品を製造してきた中国国内には、多種多様な工場が存在していたため、医療用品製造への転換を速やかにできたといえる。

新規参入メーカーが製造した医療物資は、一刻も早く現場に届ける必要がある。中国政府は、安全検査や審査速度を上げて対応したことを挙げておきたい。例えば、2020年2月初旬時点の通常マスクと医療用N95マスクの一日あたりの生産能力は586万枚と13万枚だったが、4月末にはそれぞれ2億枚と500万枚に達している。医療用防護服の生産能力も2ヵ月間で91倍にまで高まった。

政府や中国企業だけではなく、日本企業を含む外資企業も、支援物資を自社負担で武漢市へと届けた。とはいえ、余計なものを送られると困るものである。そこで企業側は、要望のあったものを提供することに努めた。例えば、キヤノンは、武漢市の医療現場で不足していたX線CT装置を寄付した。さらに、機材をメンテナンスするための担当者も派遣し、ロックダウン中の医療現場を陰で支えた。

支援物資は全世界からも届けられた。日本からは、政府だけでなく、姉妹都市の地方自治体が防護服やマスクなどの支援物資を送り、企業や個人レベルでも寄付が続々と寄せられた。日本からの相次ぐ支援に、ネット上には中国国民の感謝の声が溢れ、私にも同僚や友人たちから「日本の支援に感謝します」というメッセージを多くいただいた。

武漢市が必要としていたのは医療物資だけではない。ロックダウン以降、武漢市では1000万人近くの市民が自宅隔離をしており、生活を守るためにも食料品や生活必需品を届ける必要があった。中国政府は、地方政府や企業などと連携し、食糧や野菜、肉などを確保。緊急物資運輸チームを準備して武漢へと届けたのである。1月27日から3月19日の期間で、鉄道や航空、水運といったさまざまなルートを通じ、医療物資や生活物資が92・9万トン、燃料など生産物資が148・7万トン、武漢へと届けられたという。医療物資の緊急輸送には、空軍の輸送機も出動した。

荷物をエンドユーザーへ届ける最後の区間、いわゆる「ラストワンマイル」を支えたのは「外売《ワイマイ》」と呼ばれるデリバリーサービスの配達員たちだった。普段は、配達員が運転する電動バイクは、交通違反や無謀運転も多く、死傷事故が社会問題となっていた。そんな「外売」の配達員たちは、新型コロナウイルスの感染リスクとつねに背中合わせの中、食事だけではなくあらゆるものを届けてくれる、生活に不可欠な存在となったのである。つまはじきにされた人びとが市民に笑顔で迎えられ、感謝された。

生産や物流には多くの労働力を要するが、多くの農民工たちは春節で帰省していた時期である。感染拡大後に都市を跨いだ移動に制限がかかる中、市民生活を支えるエッセンシャルワーカーたちを都市部や工場に移動させるため、飛行機や電車、車などをチャーターするなどして企業をサポートする政府の姿もあった。

武漢を救った英雄たち

ロックダウン当初、武漢市の医療現場では医師や看護師たちは必死に対応にあたったが、人手不足から増え続ける患者を前に状況は悪くなる一方であった。また、病床を増やし、医療物資を届けても、増加の一途をたどる入院患者を診る医療従事者がいなければ機能しない。病院の衛生状態を保つための人員も必要だ。

崩壊状態にあった武漢の医療現場を救ったのは、全国から駆けつけた医療チームだった。第一陣が派遣されたのは、武漢市がロックダウンとなった翌日の1月24日。この日は「除夕《チューシー》（旧暦の大晦日《おおみそか》）」で、家族みんなで団欒《だんらん》を迎える、中国人が一年で最も重視する日だ。そんな日に感染源に行くのかと、家族からの反対もあったに違いない。

その後も派遣は続き、1月24日から3月8日で合計346の国家医療チーム、4・26万人の医療従事者と965人の衛生人員が湖北省、武漢市の医療現場を支えた。人民解放軍が派遣した医療従事者も4000人を超えた。

医療現場はそれは壮絶であった。防護服が脱げない状態の中、長時間労働に耐えるために紙おむつを着用して治療にあたったケースもある。髪の毛を刈ったり剃《そ》ったりして、現場に向かった医師や看護師もいた。髪の毛を介したウイルスの拡散を防ぎ、防護服の着脱もしやすくなるためだという。中国のSNS上では、病院の廊下に並べられたベッドに横たわる患者たち、薄汚れた顔に防護マスクやゴーグルの跡が残る看護師の痛ましい姿など、医療現場の生々しいシーンが次々と拡散された。私も目にして、衝撃を受けて言葉を失った記憶がある。

先述のように、患者を一部の病院に集め、医療物資を集中投下し、全国から医療従事者を集め、集中的に治療を行う「四つの集中」が功を奏し、感染状況は徐々に好転の兆しを見せ始める。ロックダウンから約1ヵ月後の2月19日、武漢市では初めて退院患者数が新規感染者数を上回った。新規感染者数は、3月6日に100人を下回り、11日には一桁《けた》となった。3月10日に16ヵ所の軽症者用臨時病院はすべて閉鎖され、全国各地から集まった医療従事者たちは17日から少しずつ武漢を離れ、家路についた。

3月25日になると、武漢市を除く湖北省全域で交通規制の解除が始まり、都市の境界線に設置された検疫施設が撤去された。４月８日、武漢市の交通規制も解除され、76日間に及ぶロックダウンが幕を閉じた。４月26日には最後の新型コロナ患者が退院し、武漢市の入院患者はゼロとなった。

最前線で新型コロナウイルスと戦った医療従事者や衛生人員、建設現場の作業員、物流を支えた配達員たちは、危険な状況を逃れる人とは逆行して救援に駆けつけたことから、「最美逆行者（最も美しい逆走者）」と称《たた》えられ、その活躍はニュースやドキュメンタリー、映画などを通じて幅広く国民に伝えられた。

人海戦術でコミュニティ封鎖

増える患者を前に、危機に瀕《ひん》しながら対応に追われた医療現場を見てきた。一方で、これ以上感染者を増やさないような対策は、都市部の「社区」ごとに行われている。

中国民生部によると、「社区」とは地域ごとに居住する住民で構成される社会生活コミュニティで、一般的には法律のもとで設置された「居民委員会（居委会）」が管理するエリアのことを指す。「社区」一つで人口は数千人程度。あえてたとえるならば、日本の「町内会」をイメージするとわかりやすい（図２-１）。

図2-1　感染拡大抑制で活躍した「社区」　2021年2月、筆者撮影

「社区」を管理する居委会には、数名の専属職員が在籍している。公的な立場ではあるが公務員ではない。「社会工作者」と呼ばれる職種に分類され、2008年から「社会工作師」の国家資格試験も実施されている。最近では大卒、大学院卒の専属職員も増えているようだ。1社区の専属職員は5名以上とされ、半数以上は住人が就く。例えば、当時私が住んでいた「芍薬居二社区」には、21棟のマンションがあり、約3000世帯、7000人程度が住んでおり、居委会は、主任1名、副主任2名、委員5名で構成されていた。

居委会の仕事はさまざまである。例え

ば、中国共産党の基本方針や国家の政策、法律などの周知、治安や公共衛生の維持、住民の紛争仲裁など幅広い。教え子の親が居委会の専属職員だったというので話を聞くと、計画生育の管理や住民同士のもめごとの仲裁などが多く、住民からの風当たりも強くて辛《つら》かったという。

正式な行政単位ではなく、住所にも記載されないために普段から意識することはほとんど無かった「社区」であるが、「新型コロナウイルス感染症に対する社区予防・抑制業務方案」が2020年1月末に発表されると、感染拡大抑制の最前線で重要な役割を果たすことになる。

専属職員だけで大規模なコロナ対策を行うのは不可能であるため、住民の中からボランティアを募り対応にあたった。

中でも、最大の仕事が「社区」の封鎖管理だった。外出制限の期間中は担当者がゲートに立ち、人の往来に制限をかけていた。住人に「出入証」を配り、出入りの際にゲートでの提示を義務づけた。また、通行人のチェックや検温も行っていた。

隔離者の監視とサポートも居委会の仕事だ。例えば、レストランからデリバリーを注文したり、スーパーから野菜の配送を頼んだりしても、配達業者は敷地内に入れないいため、通常であれば住人が入り口まで取りに行く。しかし、隔離中には一歩も外に出られないため、担当者が代わりに受け取って家まで届けてくれる。感染症が最も流行していた2020年上期に、5ヵ月間ほど居委会のボランティアに参加した北京出身の友人によると、新型コロナ対応以外にも、老人や弱者のケア、困窮者の支援、近所同士のトラブル解決など、エリア内の「人」に関する多くの問題に取り組むため、「居委会の仕事がこんなに大変だとは思わなかった」そうだ。

大規模なPCR検査も「社区」ごとに行われた。検査自体は地方の衛生当局が担当するが、事前に受ける順番を決め住民に通知したり、検査時の秩序維持を行ったりと、検査を受ける人を組織し運用するのは居委会である。こうして大規模なPCR検査も、長時間並ぶことなく迅速に終えることができる。検査結果もすべて居委会に提出する必要があるため、受けていない人の判別も可能となる。

このように、短期間でPCR検査を行うには「社区」は欠かせない存在となった。2021年1月、河北省石家荘《せっかそう》市で感染拡大が確認されると、約1100万人の全市民を対象にPCR検査が行われた。検査を終えたのは3日後。さらに複数回にわたり同規模の検査が行われている。帰省していた私の学生も、ボランティアとして実家の「社区」

のＰＣＲ検査を手伝ったそうだ。社会が一丸となって新型コロナと戦っているのを目の当たりにし、自分も貢献できたことを喜んでいた。

都市の「社区」と同様に、農村部の新型コロナ対策は「村」単位で「村民委員会」が中心となって実施された。

流行病学調査

「社区」での重要な仕事に「流行病学調査（流調《リュウディァオ》）」がある。第１章で紹介した「健康コード」によって、利用者がどのような施設に立ち寄ったかをトラックできる仕組みとなっているが、これだけではコロナマップで示されているような詳細なデータは入手できない。もし「健康コード」の利用が徹底されていない施設があれば漏れも生じる。

本当の意味で感染抑制のカギとなっているのが「流調」だ。新型コロナの新規感染者が発見されると迅速に展開される調査で、感染者がどの時間帯にどこに行ったのか、誰と会ったのかといった詳しい情報が収集される。具体的には、氏名、住所、家族構成などの個人情報の他に、最近の旅行歴や居住歴、利用した交通機関、濃厚接触者などの詳細情報を調査員が一軒ずつ家を回って聞き取り調査を行い登録する。

調査対象者は「高リスク地区」の住人全員。エリアによっては数万人に達するケースもあり、かなりの人員が集中的に投入される。調査を行うのは住人ボランティアで、居委会が手配しているという。

この情報を基に、「患者」や「濃厚接触者」、「準濃厚接触者（濃厚接触者の家族など）」といったグループに分けられる。患者は指定病院で治療を受け、濃厚接触者は集中隔離施設に移され14日間厳重な管理下に置かれる。準濃厚接触者は7日間の集中隔離だ。

「高リスク地区」の封鎖期間は最後に新規感染者が出た日から数えて21日間。封鎖後の隔離期間中に再び新規感染者が出ると、また最初からやり直しとなる。一方で、「低リスク地区」に住む人々は、若干の行動制限は受けるものの、普段とほぼ変わらない日常生活を送っている。国民全体の安心・安全な生活は、このような一部の人々の「我慢」の上に成り立っているのだ。

学生のケア

新型コロナ対策の徹底は、居住区だけではなく、「単位（職場）」でも展開された。都市部のオフィスはテレワークで対応したが、工場など労働集約型の職場ではそうはいかない。防疫対策の徹底、健康チェック、ソーシャル・ディスタンスの確保など、出勤時に厳しい制約が課された。特に、マスクや消毒液など品薄な状態が続いた防疫必需品の確保に奔走した「単位」は少なくない。

大学においても特殊な対応が求められた。感染状況が最も深刻だった2020年上期、通常業務はオンラインで効率的に行えたものの、卒業生たちの就職活動支援やメンタルケアには個別に対応する必要があった。

学生たちは、過去とは比較できないほどの「就職難」に直面していた。未曽有の景気後退に加え、移動制限の影響も大きかった。中国の就活では、インターンが重視される。今まで、私の教え子もインターン先でそのまま就職したケースが少なくない。彼らは北京へ戻ることがかなわず、インターンの機会が激減してしまった。

これに対し、大学側もただ手をこまねいていたわけではなかった。学生は大学にとって最も重要な存在である。さまざまなリソースを使い、オンライン面接の指導や履歴書の手直し、求人情報の提供、オンライン就職説明会の開催などを積極的に行う教職員、校友たちの姿があった。

就職生以外にも、大学院の受験に失敗した学生や内定先企業との契約をためらう学生など、心理的ストレスを抱えた学生は少なくなかった。学生のメンタルヘルスのケアに、個別に対応にあたるケースもあった。

卒業間近になると、長引く新型コロナ禍で卒業を控えた学生が大学に戻って来られない状態が続く中、学生寮に残っている彼らの荷物の処理が問題となっていた。通常であれば、6月末に卒業し、全員が退寮した後に、新入生を迎え入れる態勢を整える。

北京に残っている教職員がこれに対応した。これが大変なのだが、一人ひとりの学生とビデオチャットで連絡を取り合いながら、荷物の所有者や要不要を確認し、不要品は廃棄し、必要なものは整理・梱包して実家へと郵送した。対外経済貿易大学のような単科大学でも、学部と院生を合わせた卒業生は4000人を超える。役職や地位を問わず、構内に人員を総動員し、なんとか新入生を迎え入れる態勢を整えることができた。

このように、「社区」や「単位」などの現場では、デジタル技術で効率化を図りつつも、膨大な人員を動員したアナログな人海戦術が展開されていたのである。

ワクチン接種はどうやって進んだのか

では、ワクチン接種はどうだったのだろうか。中国で幅広く接種されている新型コロナワクチンは、中国医薬集団（シノファーム）製と科興控股生物技術（シノバック）製である。私が接種したのも、シノファーム傘下の北京生物製品研究所製だった。

実際の接種が始まったのは国内正式承認前の2020年7月。医療従事者らを対象にワクチンの緊急投与が開始されている。同年12月にシノファーム製ワクチンが初めて承認を受け、一般市民向けの接種が本格的に始まった。

中国人向けの接種は通常、「単位」か「社区」が組織する。例えば、私が勤務する対外経済貿易大学でも、教職員と学生を対象とする集団接種が行われた。接種会場は、卒業式などのイベントで使われる体育館。4000人以上の収容が可能な広大な敷地に無数のブースが設置され、1万人以上の教職員や学生にオペレーションを回したのである。「社区」で接種する場合も事前予約は不必要で、身分証明書をもって会場に行けば対応してくれる。

外国人向けの新型コロナワクチン接種は2021年3月中旬から、まずはメディア関係者を対象に始まった。取材などで要人と接触する機会が多いと考慮したのかもしれない。接種は当然本人の自由意思だが、ワクチン未接種を理由に取材拒否をされる可能性もあるため、接種した記者は少なくなかったようだ。

2021年4月下旬に海南省博鰲《ボアオ》で開催された「ボアオ・アジア・フォーラム」では、当初は参加条件として新型コロナワクチンの接種が求められた。結局、未接種者からのクレームにより参加条件から取り払われたが、同年7月1日に天安門で開催された中国共産党100周年記念式典では、入場条件としてワクチン接種が全員に義務づけられた。ワクチンを接種して体内に抗体ができるまでには、1回目の接種から3週間以上の間隔をあけて2回目を接種し、さらに2週間ほど待つ必要がある。これを理由に、式典参加者全員に対し6月15日までに2回目の接種を終えておくよう要請された。逆算すると5月25日には1回目を接種する必要があり、通知が来たときにはすでに期限が過ぎていたため、事前に接種していなかった外国人記者は現場取材ができなかったという。

北京では3月末から外国人向け接種が全面的に始まり、私に大学から接種の案内が来たのは4月上旬。案内には、使用のワクチンは成熟した信頼性の高い伝統的な方法で作られていること、安全性と有効性は国際的に認められていることなどが強調され、禁忌事項に該当しない人は全員接種する必要があると記載されていた。副反応としては、注射部位の痛みや疲労感などが多く、その他にも発熱、頭痛、食欲不振、嘔吐《おうと》、下痢など

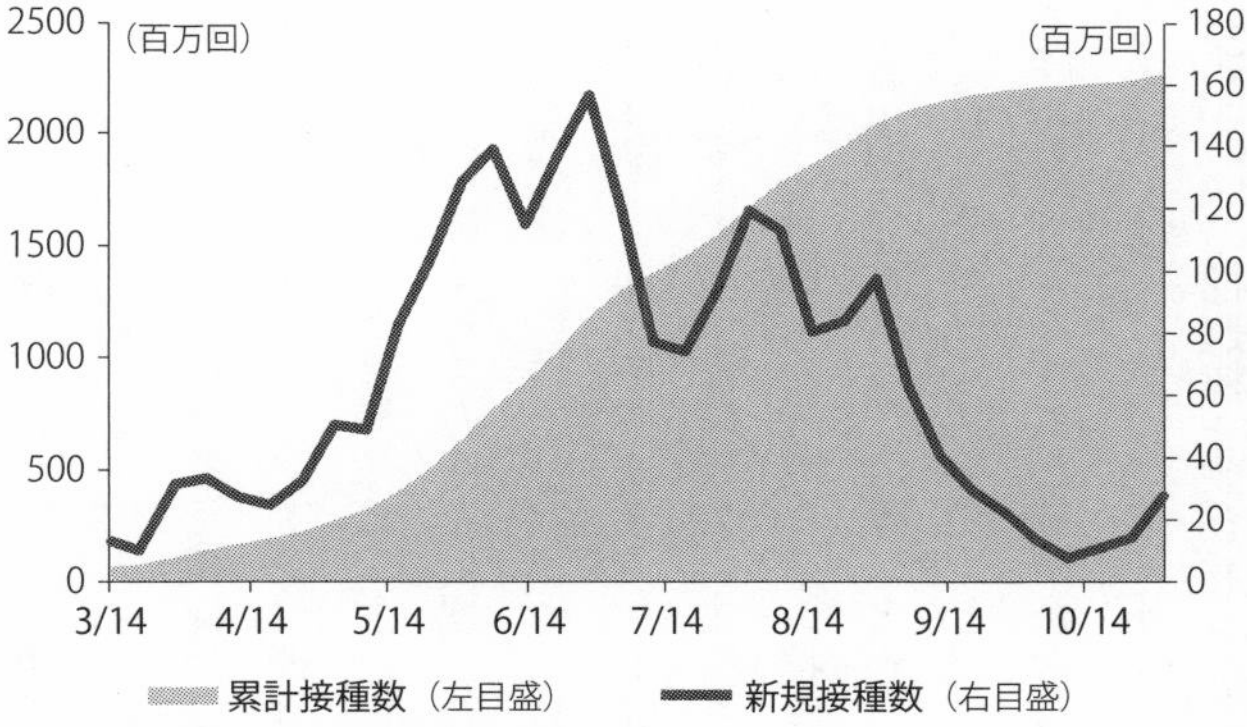

図２-２　新規ワクチン接種者の推移
（出所）国家衛生健康委員会の資料を基に筆者作成
（注）数値は月曜日から日曜日までの１週間の接種者数合計

があると聞いていた。接種後に極度の睡魔に襲われたという人もいたが、私は不思議と２回ともまったく反応が出なかった。

中国国内のワクチン接種状況を見てみると、大きく２０２１年１～２月の「様子見期」、３～４月の「政府主導期」、５～６月の「自主積極期」、７月以降の「完了期」の４つのフェーズに分けることができる（図２-２）。

21年年初の接種開始直後から、接種者が急増したわけではない。国家衛健委の統計によると、接種回数は１月で計１９５０万回、２月で計２８００万回。一日平均に換算するとそれぞれ63万回、１００万回と接種ペースは比較的緩やかだった。

スタート直後ということで現場の準備が完全には整っていなかったのに加え、春節休みといったカレンダー要因もあろう。そもそも、新規感染者がきわめて少ない中国では、感染リスクが低いと考え積極的にワクチンを打ちたいという声はあまり聞かれなかった。短期的に開発したワクチンに懐疑的な人も多く、様子見ムードが漂っていた。

3月に入ると接種スピードは加速する。一日平均の接種回数は、3月の219万回から4月には484万回と倍増した。

背景にあるのはトップダウンによる接種促進策だ。職場や「社区」に接種率達成目標を設定し、重度のワクチンアレルギーの既往歴がある、急性疾患および慢性疾患の急性期にあるといった特定の理由がない人を対象に、積極的に接種を呼びかけた。私の住んでいる「社区」からワクチン接種を促す電話がかかってきたのもこの頃だった。

職場や「社区」が実際にとった施策はさまざまだ。北京の中心部にある国貿エリアのあるビル清掃員に話を聞くと、ワクチンを接種しない場合は、毎週PCR検査を自費で受け報告するようにと職場から命じられたという。私も「ワクチン接種したら、卵一箱プレゼント」というショートメッセージを「社区」から受け取った。現金の直接支給やiPhone12の抽選権をプレゼントしたケースもあった。

図2-3　北京のワクチン接種会場　2021年６月、筆者撮影

この頃になると、ワクチン接種開始から半年近く経ち、安全性に問題無いという認識が市民の間に広がっていたが、市中に感染者はほとんどいないので、あえて予防接種する動機は希薄だったのが実情である。

ただそのような中、国内感染のニュースが決め手となって市民たちの背中を押した。２０２１年5月13日に安徽省で、5月20日には広州市で国内新規感染者が相次いで確認され、広州市のケースは中国本土内の市中感染で初めて確認されたインド型（デルタ型）変異ウイルスだった。実際に、一日の接種回数は5月14日に初めて１０００万回を超えた後に急増。

5月の一日平均の接種回数は、１２７９万回となり、６月にはさらに１９４４万回にまで加速していた（図2-3）。

２回目の接種率の高まりを背景に、７月に入ると接種スピードは減速に転じる。特に9月以降に大きく減少しており、国民の一日平均の接種回数を見ると、９月は４８０万回、10月は２０２万回だった。10月末現在、累計接種回数は22・74億回に達している。なお、中国では2回目接種の6ヵ月後から3回目の接種（ブースター接種）ができるようになり、接種回数は10月中旬から再び増加へと転じた。

「ゼロコロナ」を目指す中国

武漢市で起こった悲劇のトラウマが残る中国では、徹底的な封じ込めにより国内の新型コロナ患者を一人も出さない「ゼロコロナ」を目指している。その中で、２０２１年5月に初めて感染力の強いインド型（デルタ型）変異ウイルスの市中感染が確認され、7月には大流行を見せ始める。中国が採ったのは、さらに強力な感染抑制策だった。

7月20日、江蘇《こうそ》省にある南京禄口国際空港のＰＣＲ検査で、空港職員の新規感染が確認された。南京市の発表によると、感染したのは清掃員。約10日間にわたり機内清掃などの業務をしていたが、空港における防疫措置が徹底されておらず、全国各地に拡散してしまった。

その拡散先の一つが、湖南省張家界市だった。そこは張家界国家森林公園、索渓峪風景区、天子山風景区の3つの風景区が「武陵源自然風景区」として世界遺産に指定されており、アメリカのSF映画『アバター』のモデルにもなったといわれる、中国屈指の観光名所だ。ちょうど夏の行楽シーズン。張家界で行われた大型ショー「魅力湘西」がクラスターの震源地となった。座席がびっしりと埋め尽くされた会場で、2000人を超える観客の中にはマスクをしていない人も多かったという。

空港や観光地という人々の密集地が起点となったこの感染爆発は、あっという間に全国各地に広がりを見せた。

これに対し中国政府は、徹底的な隔離と大規模な検査を組み合わせた強力な「コロナ撲滅作戦」を素早く展開した。例えば、南京市は7月25日までに、市民921万人を対象にPCR検査を実施。約2週間でPCR検査を受けた南京市民は延べ4000万人に上ったという。

7月28日、私が住む北京市でも約半年ぶりに市中感染が確認された。感染者は直前に張家界市などを旅行しており、配偶者も翌29日に感染。この2名の濃厚接触者654人は「流調」により約2日間で探し出され、全員に集中隔離が行われている。また、感染者の住居地区や勤務先などの関連場所でも、住民等を対象にPCR検査を行うという手の込みようだ。

私の友人が住むエリア、北京市北東部に位置する朝陽区望京の「国風上観小区（団地）」でも新規感染者が見つかっている。北京屈指の敷地面積を誇る高級マンションで、2500世帯1万人程度が住んでいるという。8月4日の早朝に感染が確認され、同日中に「小区」全体が封鎖された。感染者の住む棟の住人は部屋から外に一歩も出ることが許されず、その他の棟の住人は「小区」から出ることを禁じられた。住民全員を対象に、3週間の封鎖期間中に6度のPCR検査が行われたという。

このような厳しい措置にも文句を言う住民はほとんどいなかったそうだ。ゲートに山積みになった宅配物の配送など、多くの住民がボランティア活動に参加し、互いに助け合ったという。封鎖が解除された8月24日の夜にお祝いを兼ねて友人と食事をともにしたが、「逆に住民の団結力が高まった」と笑顔で語っていたのが印象深い。3週間我慢すれば解除されるという明確なゴールが見えているため、精神的な余裕が生まれたようだ。

7月の流行を機に、中国文化・旅行部は全国的な防疫対策としてA級観光地に対し、予約制の導入、人流の制限、ピークを作らないことを要求。これを受けて、多くの観光地が営業を停止した。また、中国国家映画局は全国の映画館に対して、中・高リスク地区での営業停止と低リスク地区での収容75％以下を守るようにとの通知を出した。

全国的な対策に加え、各地は独自の防疫対策を行っている。多くの感染者が発生した南京市においては、中・高リスク地区、ロックダウン地区から外に出ることを禁じた。また、カラオケや映画館、ジム、バー、雀荘などの営業が禁止された。また、解熱剤、咳止め、抗ウイルス薬、抗生物質といった新型コロナ感染を隠すのに使われる可能性のある4種類の医薬品も販売禁止となった。北京市では、14日以内に中・高リスク地区をもつ地域に滞在した人を対象に、北京行きチケットの購入を制限している。また、健康コード上で問題が無くとも北京に移動した人は、出発48時間以内のPCR検査が必要となり、到着後も14日間の健康モニタリングおよび到着当日と7日目のPCR検査が義務づけられた。

北京市政府は、市民に対し不必要に北京から離れないよう呼びかけ、私が勤務する大学からもさんざん注意勧告が届いた。たとえ旅先が出発前にはリスク地区ではなくても、旅行中に指定される可能性は否定できない。そうなれば、航空・鉄道チケットの購入に制限がかかり北京に戻ってこられなくなる。8月初旬に旅行を計画していたが、やむを得ず中止を決断した。残念だったが、政府の呼びかけにより、事前に購入していたチケットがすべて無料でキャンセルできたのは幸いだった。

このような徹底した封じ込めにより南京禄口国際空港に端を発したデルタ型ウイルス感染は短期間で収束に向かった。7月20日に最初の感染者が見つかってから約1ヵ月後の8月19日には、南京市のすべてのエリアが低リスク地区へと引き下げられた。中・高リスク地区は、8月中旬のピーク時には合わせて220ヵ所を超えていたが、その後減少へと転じ、8月末にはほぼ収束している。

2週間の隔離生活

「ゼロコロナ」を目指す中国では、新型コロナウイルスの「外防輸入、内防拡散（国外からの侵入を防ぎ、国内の拡散を防ぐ）」を徹底している。ここまではおもに「内防拡散」を中心に見てきたが、「外防輸入」はどのように行われているのだろうか。私が2

020年12月に到着した遼寧《りょうねい》省大連市では、想像を超える現場体制が整っていた。

日本からの渡航者全員に対し、在日本中国大使館指定の病院でのPCR検査と抗体検査を義務づけている。検査は搭乗・出国前48時間以内に行い、陰性証明を受け取ったら、オンライン上で中国大使館に申請をし、QRコードのついた「健康状況声明書」を入手する。これは空港のチェックインカウンターで必要となる。もう一つ、空港のチェックインまでに、中国税関が求める「健康コード」を申請しておかなければならない。飛行機の座席番号も記入が必要で、万が一同乗者に陽性者が出た場合、その前後3列の乗客が濃厚接触者となり、集中管理の対象となる。

フライト中はいたって普通だが、到着すると防護服に身を包んだ関係者が機内に乗り込み、混雑しないように少人数ずつ降ろしていく。空港も防護服を着た関係者だらけで非常に物々しい雰囲気だった（図2-4）。

健康申告エリアで、事前に入手しておいた健康コードの提示が求められ、問診を受ける。その後、PCR検査を受けてから入国手続きを行う。すべてのプロセスで数十人が対応できる体制が整っており、待ち時間も比較的短く、スムーズに手続きを終えることができた。

図2-4　大連空港の健康申告エリア。防護服に身を包んだ関係者が乗客の対応にあたる　2020年12月、筆者撮影

荷物を受け取りロビーに出ると、日本人だけ別の場所に移動させられた。荷物に消毒液をまんべんなく振りかけられた後、バスでホテルに向かった。到着したのは郊外のリゾートホテル「聖汐湾度假酒店」。宿泊している人はほとんどが日本国籍だった。宿泊費は自費。一日3食付きで500元（約8500円）、一部屋の人数が二人以上だと一人あたり食事代として100元（約1700円）追加が求められた。

大連にはもう一つ日本人向けのホテル「大連昱聖苑国際酒店」があり、そこで隔離を経験した日本人の友人によると、フロントに日本語がしゃべれるスタッフがいて、各種案内もすべて日本語だったという。なお、同時期に上海、広州で隔離を受けていた日本人の友人たちにも話を聞いたが、日本人向けではなく、ホテル内には中国人も多かったそうだ。

隔離生活はどういったものだったのか。ホテル到着後にチェックインを済ませ、ウィーチャットのグループチャットに加入すると、各自割り当てられた部屋に移動し、そこから2週間一歩も外に出られない「非日常」が始まる。

すべての連絡はグループチャット。朝晩の検温結果以外にも、年齢やパスポート番号、電話番号など、同時期に滞在している数十人がチャット上で報告を行う。個人情報の問題が懸念される反面、グループ内で日本人同士が助け合うことができる利点もある。中国語のわからない方にとっては心強いサポートだ。また、過去に宿泊した「先人」たちがボランティアで作成した「日本人向け隔離マニュアル」もシェアされ、新たな問題が起これば、誰かがマニュアルを更新し次の世代へと受け継がれていく。私も微力ながら貢献した。個人的にも、グループチャット上で旧知の友人と再会し、共通の友人の紹介を通じた新しい出会いもあった。

ホテルによって対応が大きく異なるのが食事で、私のホテルでは3食すべてが弁当だった。中国では日常よく使われるフードデリバリーサービスは受けられず、弁当以外の食事やお酒は、決められたメニューの中から選んで持ってきてもらうしかなかった。一方、友人が泊まった広州のホテルでは、弁当はついておらずデリバリーで手配する必要があり、お酒も原則禁止だったという。

弁当はすべて地元料理。私は中国生活が長いのでまったく問題なかったが、食事が口に合わない人もいたようだ。電子レンジは備わっていなかったが湯沸かしポットはあるので、中国の食事に不慣れな人はラーメンやスープ、レトルトカレーなど、お湯で対応できるインスタント食品を準備しておくといいだろう。

仕事の環境としては申し分ない。インターネット環境は、プライベートで動画を見るには若干物足りないが、オンライン会議ツールはまったく問題なく使えた。何よりも、窓からの景色が素晴らしく、気分転換に外を眺めながら持ち込んだコーヒーで一息ついた。

我々の生活を全面的にサポートしてくれるスタッフたちは親切だった。日用品や果物、お菓子などの買い出し、宅配便の手配など、各部屋からさまざまな要望が毎日出てくる。食事についても、「朝食不要」や「おかずのみ」、さらには「パクチーを抜いてほしい」

という個別の案件にも細やかに対応していた。

宿泊客からのクレームもあった。ある人が「食事のクオリティを高めてほしい」とグループチャット上でつぶやくと、「まずくて全部捨てた」と言う人や、シンガポールの弁当の写真を掲載し「シンガポールの弁当はうまいが、中国はまずい」と愚痴る人まで現れた。2週間の慣れない隔離生活に、わがままも言いたくなるかもしれない。これに、「弁当会社と協議を始めましたので近日中に調整いたします。ご不便をおかけして大変申し訳ございません」と誠意のある対応をしていたのが強く印象に残っている。その数ヵ月後、同ホテルに宿泊した友人に食事の内容を聞いたところ、中華以外の選択肢が増えるなど、確かに改善されているようだ。

なお、隔離期間中にもPCR検査と抗体検査がそれぞれ1回ずつ行われた。防護服を着た医療従事者が優しく対応してくれた。リスクと隣り合わせの中、我々の生活をサポートしてくれたスタッフたちには心から感謝したい。チェックアウト時には、ある女性スタッフが「お疲れさまでした」と笑顔で送り出してくれた。

14日間のホテル生活を終え北京に帰り着いた翌日、ホテルから渡された隔離証明書とPCR検査の陰性証明書を持って「社区」の居委会に帰国を報告した。その後1週間は、ウィーチャットのグループチャットで毎日午前午後の2回に体温報告を行った。

私が北京に戻った時点では2週間の隔離でよかったものの、その後さらに強化され、3週間隔離と1週間の自宅観察が必要となった。

中国では国内で確認された新規感染者数について、市中感染ケース以外に、「境外輸入」のケースも公表している。水際で感染が確認された患者の数だ。国家衛健委によると、2021年10月末までに確認された「境外輸入」ケースは9604人に達した。つまり、これだけの数の感染者が国内に入って拡散させるのを、水際で未然に防いでいるということだ。中国式水際対策の効果は高い。

中国がこのような厳しい「ゼロコロナ」政策を採るのには訳がある。国内の医療体制が脆弱《ぜいじゃく》で、感染爆発が医療崩壊を引き起こすリスクが大きいのだ。本章の冒頭で紹介した1100万人の人口を有する大都市の武漢ですら、あっという間に医療崩壊を起こしてしまった。地方や農村部だとそのリスクはさらに高まるだろう。医療崩壊という最悪の事態を防ぎ国民の命を守るためには、ある程度の経済的損失を覚悟の上、「外防輸入、内防拡散」を徹底せざるを得ないのである。

政府に対する信頼度

ＡＩや５Ｇ、ドローンなどを用いたハイテク対策と、民間組織や人民解放軍によるローテクな人海戦術の「合わせ技」で国内の感染拡大を抑え、きわめて厳しい水際対策で外からのウイルスの侵入を防ぐことで、中国の新型コロナウイルス感染症はほぼ収束し平穏な日常を取り戻した。武漢のロックダウン解除以降も、局地的に新規感染者は確認されているものの、迅速かつ徹底的な防疫措置により、悪影響を最小限に抑えることに成功している。

私が北京にいて感じることは、市民の政府に対する信頼度が高いということだ。世界の多くの国で感染者が急拡大する中、安心して暮らせる社会を実現したことが背景にある。運悪く居住地で新規感染者が確認され自由を奪われた住民からも、一定期間を我慢すれば日常生活を取り戻せるため、不満の声は意外に小さい。海外からの帰国者からも、３週間の隔離と複数回のＰＣＲ検査で「安全」を証明できるので「周囲からも白い目で見られることはない」といった意見すらある。

「ゼロコロナ」政策を掲げ強制的な隔離を強いる中国では、政府に個人情報が把握され行動を監視されているから国民生活は不自由だろうと考える人も多いのではないだろう

図2-5　北京にある小学校の校門前。登下校時には送迎者で黒山の人だかりとなる　2019年9月、筆者撮影

か。行動履歴を丸裸にされる「流調」や「健康コード」に対しては、日本だと強い拒否反応を示す人がいてもおかしくない。

中国で暮らしていると、このような監視や個人情報に対する国民の意識が、日本とは異なると感じる。中国の友人や学生らの比較的若い世代に話を聞くと、当然プライバシーは大事だという声がある一方で、国民が安心・安全な生活を送るために国家が責任をもって管理すべきという意見もある。両論あるのだ。

日本ではあまり想像できないかもしれないが、中国ではいまだに、児童誘拐や人身売買が大きな社会問題となっており、行方不明になる子供の数は年間約20万人に上るとの報道もある。実際、北京の幼稚園や小学校の登下校の時間帯には校門周辺が黒山の人だかりとなる（図2-5）。誘拐を心配して両親や祖父母が送り迎えをしているからだ。このように、現地に住んでみないとわからないような社会問題が中国には依然として山積しており、監視カメラについても「誰が一番困るかといえば、犯罪者やルールを守らない人間だ。真っ当な生活をしていれば何の影響もない」という声があるのも事実である。

とはいえ、封鎖されたエリアに住む人たちが不便な生活を強いられ、不安やストレスを抱えているのも事実だ。小さな不満が積もり続け、やり場のない「怒り」が爆発すれば、社会不安を招く可能性もある。そのような住人たちの生活を支え、フラストレーションの解消に重要な役割を果たしたのが「新経済《ニューエコノミー》」のエコシステム（生態系）だった。

次章では、新型コロナ禍で変わった新経済について紹介する。

第3章

変貌するキャッシュレス国家

コロナ前から新経済ライフ

中国では、スマートフォンにインストールされた決済アプリをプラットフォーム（ビジネスの基盤）に、過去になかった新しいタイプのビジネスが次々に生まれ、それらが互いに結びついた巨大なビジネス・エコシステムが、社会の隅々にまで広がっている。

これが「中国新経済」だ。新型コロナウイルス感染症が世界的に流行する前から、中国社会に定着したこの新経済ライフの一日を少しだけ覗《のぞ》いてみよう。

朝起きるとスマホで朝食を注文。出勤の支度をしていると、配達員が家まで届けてくれる。先述の「外売《ワイマイ》」と呼ばれるデリバリーサービスだ。自宅から最寄りの駅までは、すでに交通インフラの一部となっているシェア自転車を利用。地下鉄の改札口では、スマホに表示されるQRコードを設置されたスキャナーにかざして通過する。駅からオフィスに向かう公共バスもスマホ一つで乗車可能だ。

オフィスに到着すると、とりあえず眠気覚ましのコーヒーを「外売」でオーダー。社内外の連絡手段には、メッセージアプリを活用する。社内向けには部署ごとのグループチャットで業務連絡を、顧客には直接メッセージを送ってアポイントメントをとる。社外でも名刺代わりにメッセージアプリのアカウントを交換するので電話番号を知らないケースがほとんどだ。

ランチタイムは同僚と一緒にオフィス付近のレストランへ。テーブルの端に設置してあるQRコードをスマホでスキャンすると、写真付きの料理一覧が出てくる。商品名をタップして数量を入力し、決定するとオーダーされる。店員は料理を運んでくる以外、一切かかわらない。同僚との割り勘もスマホで完了する。

午後は顧客訪問。配車アプリを使ってタクシーよりサービスが良いライドシェア「専車《ジュアンチャー》」を利用する。顧客と一緒に出張に行くことが決まったので、旅行アプリで航空チケットとホテル、空港送迎サービスを予約。これらすべての電子領収書が登録したメールアドレスに自動的に送信される。メッセージアプリで経理担当者にファイルを転送して経費申請は完了だ。

退社後は地下鉄で帰宅する合間に晩御飯の食材を購入。食材をもとにおススメ料理の作り方を提案してくれ、関連食材をまとめて買うこともできる。すぐに調理できるように下処理がされ、調味料も一緒に入っている料理キットは、家で料理を作りたいが時間的に余裕がない共働き家庭には便利だ。店舗から3㎞以内であれば、スマホで注文すると最短30分で届けてくれるので、家に帰り着くタイミングを見計らってオーダーする。

就寝前はプライベートタイムをゆっくり過ごす。出張の夜はパーティがあるらしいので、オシャレな洋服をネットショッピングで購入。ファンであるインフルエンサーのライブ配信を見ながら「いいね！」と思ったアクションに「打賞《ダーシャン》」（投げ銭）したあとは、サブスクリプションで契約している動画サイトのオリジナルドラマを見ながら、いつのまにか眠りにつく――。

ネット、リアルの世界にかかわらず、ここで紹介した支払いのすべてがキャッシュレス。新経済の中核を担う二大決済プラットフォームが「支付宝（アリペイ）」と「微信支付（ウィーチャットペイ）」である。前者は中国最大の電子商取引（ＥＣ）サイトを運営するアリババ系列、後者は中国最大のＳＮＳ事業者であるテンセント系列だが、日本での認知度も高く、詳しい説明は不要だろう。

中国のモバイル決済市場は、この2社が約9割を占めている状況だ。中国調査会社の易観が公表したレポートによると、２０２０年第2四半期におけるモバイル決済のシェアは、アリペイは55・4％、ウィーチャットペイは38・5％だった。時期によって多少の上下はあるものの、アリペイ50％強、ウィーチャットペイ40％弱という構図が続いて

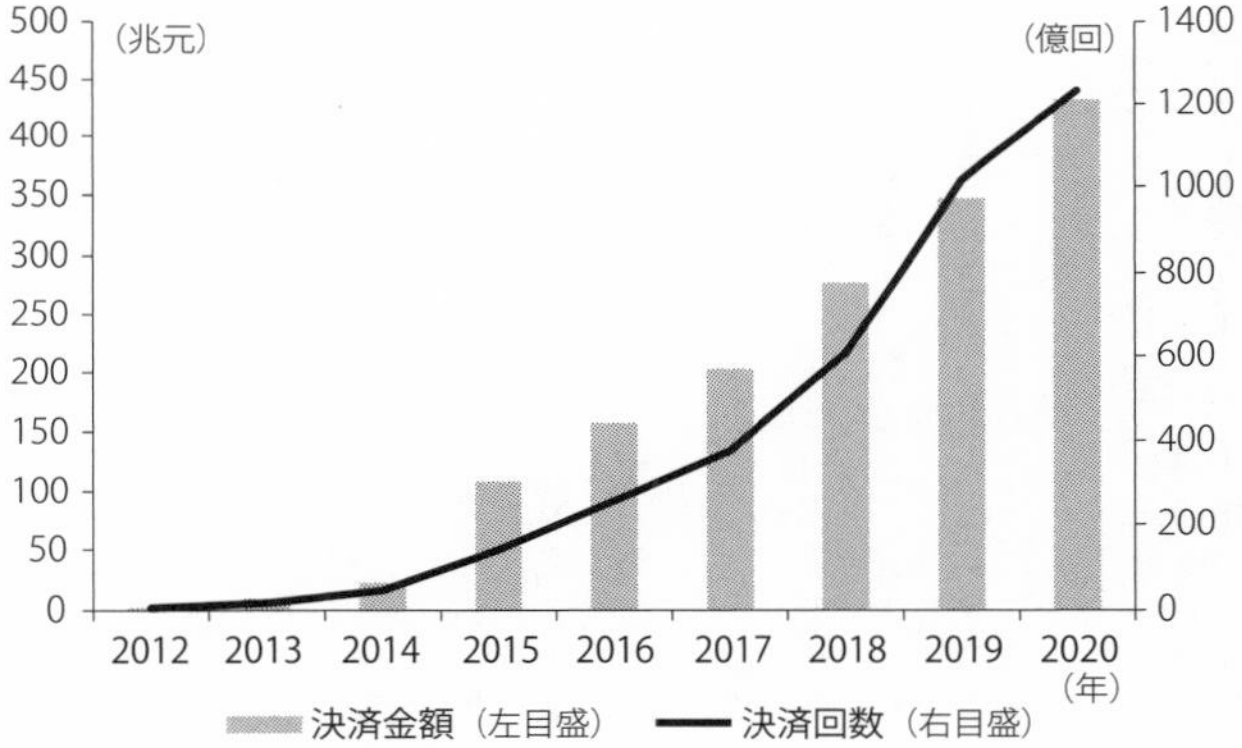

図３-１　モバイル決済状況
（出所）中国人民銀行の資料を基に筆者作成

いる。

新型コロナウイルスが猛威を振るった２０２０年に、中国国内におけるキャッシュレス化はさらに加速している（図３-１）。２０２０年のモバイル決済額は、前年比24・５％増となる４３２・２兆元（約７３４７兆円）に達した。決済回数も同21・５％伸びた。新型コロナの打撃を受けた個人消費が前年比でマイナスとなる中でモバイル決済額が大きく増えたことは、中国社会におけるキャッシュレス比率が高まっていることを強く示唆している。

ここからは、新経済が新型コロナ禍でどのように変わったのかを詳しく見ていくとしよう。

ライブコマース元年

中国前漢の時代に記された歴史書『史記』には、「禍福は糾《あざな》える縄の如し」という記述がある。幸福と不幸は表裏一体の関係にあるという意味だ。

甚大な「禍」が降りかかったのは、旅行や飲食といったサービス業である。新型コロナが流行した2020年上期、国内外すべての団体旅行が禁止となり、上海ディズニーランドや北京の故宮博物院なども休業。春節（旧正月）期間中、地域住民や観光客に人気の「北京国家体育場（鳥の巣）」に足を運んでみたが、人はまばらで閑散としていた。スポーツやコンサートなど、不特定多数の観客が集うイベントも軒並み中止となった。

経営体力が限られる小規模企業を中心とする外食産業では、グループでの会食を禁止する通知が出されると、売上が激減しそのまま店をたたんだケースも少なくない。小さなバーを経営する友人は「2020年の赤字は80万元（約1360万円）。倒産寸前だった」と肩を落とす。

リアルな消費現場に「禍」が降りかかる一方、「福」が訪れた産業もある。人と人の接触が不要なインターネット産業である。

その代表例がオンラインショッピングだ。中国には1年に2回、「618《リュウヤオバー》」と「双《シュアン》11《シーイー》（ダブルイレブン）」と呼ばれるEC商戦がある。「618」は京東（JD.com）が、「双11」はアリババが仕掛けたイベントで、その名の通り、6月18日と11月11日に開催される。後者は、日本では「独身の日」セールとしてお馴染《なじ》みだ。これらの日は多くのECサイトがこぞって参加する。つまり、「618」では仕掛け人である京東以外にも、アリババやその他のECサイトも大々的にセールを打ち出す。

2020年の両イベントでは、新型コロナで蓄積されたフラストレーションがリベンジ消費という形で爆発したような活況ぶりであった。「618」セール期間（6月1～18日）の取引総額は、アリババが運営する「天猫《ティエンマオ》 Tmall」は6982億元（約11・9兆円）、京東は2692億元（約4・58兆円）に達し、いずれも過去最高を記録している。「双11」のセール期間はこれまで11月11日の一日のみだったが、2020年は1～11日に拡大して開催された。セール期間でのアリババの取引総額は4982億元（約8・47兆円）と、2019年から85・6％伸びた。京東も前年比32・8％増となる2715億元（約4・62兆円）に達し、2社合計の取引総額は前年比62・8％増の7697億元（約13・1兆円）となった。

売上増に大きく貢献したのはライブコマース、ネット版テレビショッピングである。ライブコマースでは、販売員が生放送で商品を紹介し、視聴者からの質問もその場で受けつける。ライブ配信を見ながら販売員とコミュニケーションできるため、写真画像だけのネット通販と異なり、視聴者はより商品を理解することができるのが特徴だ。

アリババは、深夜0時のセール開始を待つ消費者を飽きさせないために、豪華スターを集めた前夜祭を生放送する。過去には、アメリカの女性歌手マライア・キャリーさんや、日本人では渡辺直美さんが出演したこともある。２０２０年の前夜祭には、ライブコマースのカリスマ「網紅《ワンホン》」（インフルエンサー）たちが登場した。その中の一人で、４０００万元（約6・8億円）でロケットの発射サービスを即売させたことで話題となった女性インフルエンサーは、10月21日の事前予約販売日の一日で53・2億元（約９０４・４億円）を売り上げたという。アリババが運営する生中継ネットショッピング「タオバオライブ」では、セール期間中の利用者が延べ３億人を超え、ライブコマースによる売上も前年から倍増した。

ライブコマースは新型コロナ禍で販路を失った生産者も助けた。浙江省にある義烏《ぎう》市は、１００円ショップ各社が大量の商品を調達していたことから「１００円ショップの里」と呼ばれていた。しかし、新型コロナウイルス感染拡大で取引が激減し、その中で活路を見出したのがライブコマースだった。もともと卸売り市場、物流拠点、生産工場が集積する地の利を活かし、低コストで仕入れや発送をする環境が整備された。中でも、「直播帯貨村（ライブコマース村）」と呼ばれる江北下朱村には、多くの関連業者が集結し、至る所で生配信が行われ、「網紅」育成講座なども開かれている。

農村部の脱貧困にも、ライブコマースは一役買っている。中国では、都市部と農村部の格差が大きな社会問題となっており、中国政府も格差是正に力を入れている。もともと生産基盤が脆弱で販路が限定的であったことに加え、新型コロナの感染拡大で外食向けの需要が減退した。これを救ったのがライブコマースによる直販だったのである。

中国政府も、ネット通販による農産品の販路拡大を後押しする。2020年4月20日、陝西《せんせい》省の農村を視察した習近平国家主席は、地元の名産キクラゲを販売するライブコマースの撮影現場に足を運び、販売員を激励。翌日にはお店の商品がほぼ売り切れたという。企業のトップが自社商品を販売するだけではなく、地域産業振興のために地方政府の政治家たちがライブコマースに登場するケースも増えた。

コロナ前は多くの中国人が日本を訪れてまとめ買いする姿を記憶している読者も多い

だろう。観光庁が2019年に実施した訪日外国人消費動向調査によると、国別では中国が全体の約3分の1を占める1・77兆円だった。

日本製品を好む中国人が活用したのが「越境EC」だ。国境を越えて商品を販売する通信販売手法で、ここでもライブコマースが幅広く利用されている。在日中国人が日本製品を中国人向けに販売するのが一般的だが、日本のインフルエンサーが登場し中国のファンと交流する試みも始められている。2020年12月、アーティストの村上隆氏が中国人向けにライブ配信を行い、中国のファンを喜ばせた。日本語から中国語にAI翻訳され、リアルタイムで字幕が表示される仕組みだ。関連商品も含めて、売上は1000万円を超えたという。中国には、日本の芸能人やアーティストなどのコアファンが多い。AI翻訳を使ったイベントやライブコマースはさらに増えていくだろう。

以上のように、新型コロナ禍でリアル消費が大打撃を受けた2020年にライブコマースは大きく躍進した。中国調査会社の「艾媒咨詢 iiMedia Research」によると、2020年の1年間で中国ライブコマース市場は9610億元（約16・3兆円）に達し、19年の4338億元（約7・37兆円）から倍増した。2020年に「ライブコマース元年」を迎えたのである。

物件のバーチャル内覧

ライブコマースのようなオンラインでの営業活動は、新型コロナ禍で対面営業が制限を受ける中、不動産の販売現場でも積極的に利用された。

ニューヨーク証券取引所にも上場しているオンライン不動産取引プラットフォーム「貝殻找房　KE Holdings」は、自社開発の仮想現実（ＶＲ）技術を使い、自宅にいながらパソコンやスマホで簡単に内覧できるコンテンツを提供している。

ユーザーはＶＲ画面を一人で見ることもできるし、担当者とリアルタイムでやりとりしながら内覧することもできる。細かい内容を事前に把握できるため、実際に現地に赴いて内覧する時間も自然と短くなる。契約書もデジタル化されているため、人に会いたくなければすべてをオンラインで済ませることも可能だ。

以前住んでいたマンションの契約切れにともない、私も新型コロナ禍の中で引っ越しを余儀なくされた。せっかくだからと、「貝殻找房」が提供するＶＲ内覧を積極的に利用してみた。私は最終的には現場を見て決定したのだが、従来型の写真情報だけだと、実際に足を運んで見たときにその落差に驚くことも少なくない。一方ＶＲは画像が鮮明で細部までチェックできると同時に、360度見渡せるため全体の雰囲気も把握できる。結果として満足いく部屋を探し出すことができた。

同社が発表したアニュアルレポートによると、2020年のプラットフォームの取引総額は前年比64・5％増の3・5兆元（約59・5兆円）、売上高は前年比53・2％増の705億元（約1・2兆円）に達し、ともに過去最高を記録した。VR内覧回数は、19年は390万回だったところ、新型コロナ禍の20年は6600万回に達したという。同社のデジタル技術が売上増に大きく寄与したことがわかる。

ミニプログラム

レストランなどの実店舗では、ソーシャル・ディスタンスの確保や、来店客同士の間接的な接触機会を減らす取り組みが行われた。

コロナ前にも、店内のタッチパネルでオーダーするファストフード店をよく見かけた。ディスプレイ上に映し出されたメニューをタップして注文し、会計は表示されるQRコードをスマホでスキャンして決済するだけなので、カウンターに並ぶ必要が無い。近所のマクドナルドでも早くから導入され、入店者のほとんどが利用していた。しかし、新

図3-2　北京のマクドナルド。電源が切られたオーダー用タッチパネルにはミニプログラム用のQRコードが貼ってある　2021年８月、筆者撮影

型コロナ感染拡大以降に店に入ると、間接的接触を誘発するタッチパネルそのものが利用できなくなっていた。代わりにスタッフから勧められたのが、「小程序（ミニプログラム）」を利用した注文、決済だ（図3-2）。

ミニプログラムとは、一言でいうと「アプリの中のアプリ」である。２０１７年、ウィーチャットとアリペイにミニプログラム機能が搭載され、急速に利用が広がった。例えば、専用アプリをダウンロードしなくても、アリペイやウィーチャットを使ってフードデリバリーを注文したり、シェア自転車を利用したりできる。私も、水道料金や電気代、ガス代などの公共料金の支払いや携帯電話のチャージなどにこのミニプログラムを利用している。

ミニプログラムにはさまざまなメリットがある。企業側のメリットとしては、機能面は通常のアプリに劣らないにもかかわらず、開発経費を低く抑えられる。開発スピードの速さも魅力の一つだ。先述の「健康コード」もアリペイとウィーチャット上のミニプログラムで、新型コロナ感染拡大が進むと、短期間で開発され利用が始まった。

ウィーチャットとアリペイの利用者はともに10億人を超える。ミニプログラムを利用することで、プラットフォーム利用者との接触機会も増え、新規ユーザーの獲得につながる。例えば、2018年にスターバックスは、消費者がオンラインで注文したり、会員プログラムにアクセスしたりできるミニプログラムを開始した。それ以来、多くのユーザーが会員登録し、ミニプログラムを通じて購入している。私もアリペイで会員登録し、よく利用している。店舗を指定して事前に予約できるので、通勤途中のスタバでピックアップし職場へと向かう。待ち時間も不要なのでとても便利だ。

一方、ユーザーにとってはスマホ端末の負担軽減が嬉しい。通常の専用アプリをインストールするには、端末容量と通信データを消費するうえ、定期的な更新も必要となる。

ミニプログラムはアリペイやウィーチャットをインストールおよび更新するだけなので、端末データの容量を気にすることなくさまざまなサービスを利用することができる。学生たちのスマホは、高額なハイスペック機種よりも、性能を抑えてコストを削減したリーズナブルな機種の方が多い。このように、学生たちには端末の負担を軽減できるミニプログラムは重宝されているようだ。

また、ニーズに応じてアプリ内のアイコンの配置をカスタマイズすることができるため、よく使うデジタルサービスにはワンストップでアクセスすることが可能となる。さらに、アリペイやウィーチャットペイを使用するには実名登録が必要で、身分証明書や銀行口座など個人情報がすでに紐づけられているため、新しいサービスを利用する際にわざわざ煩雑な登録手続きをする必要も無い。

このような双方向のメリットを背景に、ミニプログラムの利用者は急増。アリババ傘下でアリペイを運営する螞蟻集団《マーイー》（アント・グループ）が公表した上場目論見書によると、アリペイ内のミニプログラム数は計200万以上となっている。このアリペイミニプログラムを用いた、ユーザーの囲い込みの実態は、次章で詳しく紹介する。

増える自販機、減るATM

キャッシュレス化の進展によって、大きく変わったのは銀行である。店舗で現金を引き出す必要があまりなくなり、インターネットバンキングが広く普及したおかげで、以前は人でごった返していた銀行窓口が今では閑散としている。

２０２１年５月、パスポートの更新にともない、銀行口座に登録されている身分証番号の変更手続きのために久しぶりに銀行を訪れて驚いた。前回更新した２０１１年頃は、１時間近くロビーで待たされることも日常茶飯事だったが、今回訪れた２店舗ともに、順番待ちの人が一人もおらず、整理券を取るまでもなく直接窓口に案内された。窓口業務も減り、担当者に余裕ができたためか、対応の一つひとつがとても丁寧で、10年前とは比べものにならないほどサービスの質も上がっていた。

銀行に併設されているATMを利用している人はほとんどいない。私が勤務する対外経済貿易大学の構内にもATMは設置されているが、使っている人はめっきり見かけなくなった。

実際に、キャッシュカードによる出金額、ATMの設置台数は激減している（図３-３）。近年右肩下がりを続けてきたキャッシュカードによる年間出金額は、２０２０年

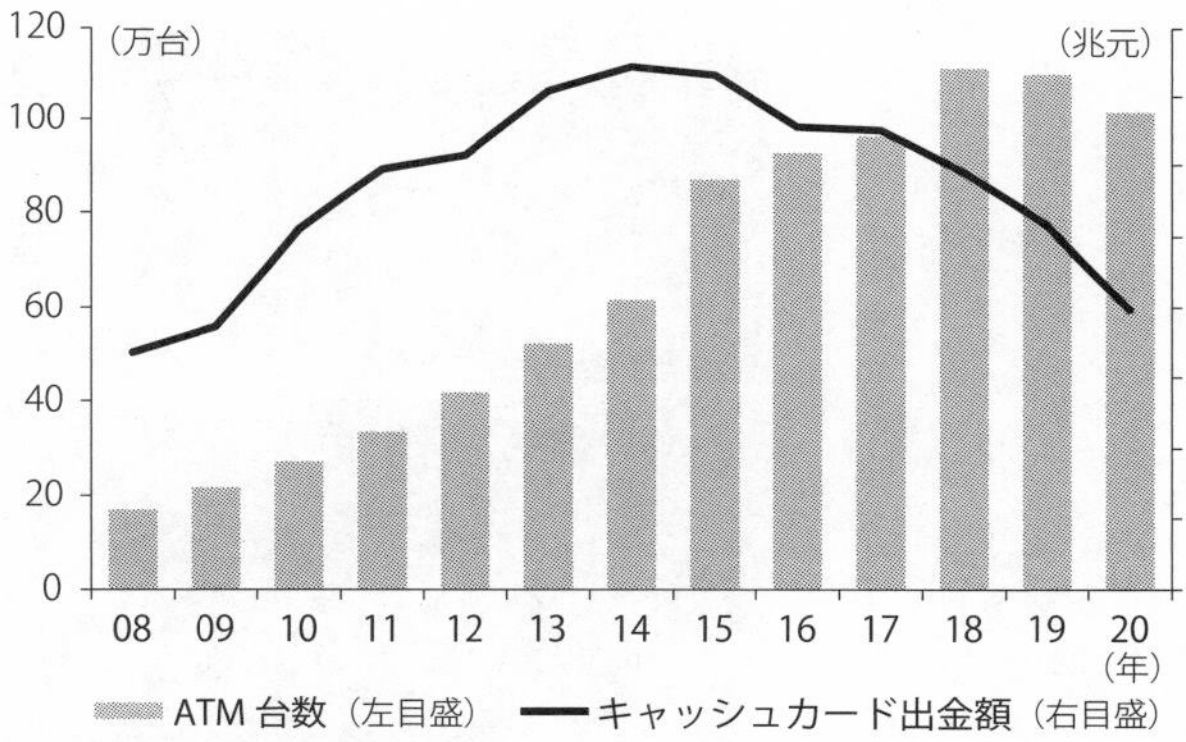

図３-３　ATM 設置台数とキャッシュカード出金額の推移
（出所）中国人民銀行の資料を基に筆者作成

には一段と減少速度が速まり、前年比23・２%減の39・７兆元（約６７４・９兆円）となった。74・４兆元（約１２６５兆円）を記録した14年のピーク時から半減している。ATMの設置台数は、19年から減少し始め、２０２０年は１年間で約８万３８００台（▲７・６%）が街から姿を消した（図３-４）。

逆に増加の一途をたどっているのは自動販売機だ。日本では珍しくない自動販売機を、以前は北京で見かけることはほとんどなかった。硬貨の流通量が少なく、紙幣も破損しているものが多いため、自動販売機の普及に適した環境ではなかったのだ。

それがモバイル決済の爆発的普及により状況が一変した。現在、新しく設置されている

図3-4　利用者が減ったATMは減少傾向にある　2018年6月、2021年5月、筆者撮影

ほとんどすべての自動販売機はモバイル決済に対応しており、中には現金が使えない機械もある。業者による現金管理の手間を省くためか、現金投入口がテープで塞《ふさ》がれているものまで見かける。中国の自動販売機は現金販売を飛び越えて、一気にモバイル決済が主流となっている。

設置場所は、学校、病院、ショッピングモール、オフィスビルなどの施設内、駅などの交通拠点、外部者の出入りが制限されているマンション敷地内など、比較的セキュリティが高い場所が多い。日本のように道路わきで見かけることはまずない。

北京の自動販売機では、ジュースやコーヒーといった飲料だけではなく、さまざまな商品が販売されるようになった。例えば、オフィスビルではお弁当、地下鉄の駅では生花なども自動販売機で売られている。以前は、大気汚染がひどくなる冬場にＰＭ２・５

図3-5　ポップマートの「盲盒《マンフー》」を購入、順番待ちする若い女性たち。
ATM の利用者はいない　2021年５月、筆者撮影

対策用マスクも売られていたが、同じマスクでも今はコロナウイルス対応用に取って代わられた。

　最近北京の街でよく見かけるようになってきたのは、「盲盒《マンフー》（ブラインドボックス）」の自動販売機だ（図３-５）。ブラインドボックスとは、購入して箱を開けてみるまで中身が何かわからない玩具を指す。日本の「ガチャガチャ（カプセルトイ）」といえばわかりやすいだろう。

　ブラインドボックスの魅力は何といってもワクワク感だ。魅力にとりつかれている女子学生の一人は、「レアアイテムもあり、何が入っているかわか

らないので、期待感がたまらなく好き」と語っていた。私は、幼少期にガチャガチャの「キン肉マン消しゴム」、チョコレート菓子の付録「ビックリマンシール」が流行した世代。この気持ちはとてもよくわかる。ブラインドボックスを開封する瞬間の動画をSNSでシェアするのも流行している。

中でも可愛らしいデザインが特徴のフィギュア「泡泡瑪特（ポップマート）」がとくに若者女性に人気だという。実際に、ポップマートの公表データによると、購入者の約70％が女性で、年齢別に見ると18〜24歳が32％、25〜29歳が26％を占める。

ポップマートの売上高はうなぎ上りだ。同社のアニュアルレポートによると、2020年の売上は、19年比49・3％増となる25・13億元（約427・2億円）に達した。販売形態別の売上を見ると、ロボショップ（自動販売機）による売上は13・1％と、ショップ販売（39・9％）やオンライン販売（37・9％）にはまだ及ばないが、積極的に増設しており、20年末には1351台に達し通年で前年より526台（63・8％）増えた。

2020年12月、ポップマートは好調な業績を背景に香港市場での上場を果たした。他の販売形態と比べて運営コストが抑えられるロボショップの売上総利益率（粗利益率）は72・3％と高い。上場で調達した資金を投じ、2022年までに1800台のロボショップを増設する計画だ。

新型コロナ禍を経て、中国ではＡＴＭの産業廃棄物化と自動販売機の普及が加速度を増していきそうだ。

キャンパス内のキャッシュレスライフ

「大学生活」といえばまず何をイメージするだろうか。勉強、サークル、アルバイトなど人によってそれはさまざまだろう。中国の大学は原則的に全寮制で、敷地そのものが「学」「食」「住」一体の街となっている。私が勤務する対外経済貿易大学のキャンパス内でも約１万５０００人の学生たちが生活している。

北京の街ではありとあらゆる場所でキャッシュレス化が進み、現金無しで生活できる社会が実現しているため、大学内でも財布を持ち歩く学生は少ない。

大学構内に初めて自動販売機が設置されたのが２０１７年後半。最初はカップで提供する飲み物専用だったが、ペットボトルを冷蔵するタイプの自販機も設置されている。事前に登録を済ませ、自販機に貼ってあるＱＲコードをスキャンすれば扉が開くので、商品を取り出して扉を閉めるだけで完了。自動的に精算を済ませてくれる仕組みだ。このタイプだと、ドリンク類以外にスナック類も販売できるので、小腹が空いたときなどに気軽に購入できる。

なお、学内ではシェア自転車で移動する学生も少なくない。中国全体で見ると、シェア自転車の数は２０１７年をピークに減少しており、ブームは過ぎ去ったといえるが、一般市民にとって重要な交通インフラの一つであることには変わりない。実際、私もほぼ毎日のように利用しており、とても重宝している。

対外経済貿易大学の片隅には、アジア最大ともいわれる女子学生専用宿舎「虹遠楼」がある。上空から見るとP字型をした10階建てのビルで、約１万人の女子大生が暮らしている。そこに、彼女たちがネットで購入した商品が毎日大量に配達されてくる。国家統計局のデータによると、社会消費品小売総額に占めるネット消費の割合は、２０１５年２月の８・３％から２０２０年12月には30％にまで急上昇している。大学でもネット通販で買い物を済ませる大学生が増えているのだ。

以前は、膨大な数の配達物は宿舎の横に山積みにされ、配達業者の担当者が一つひとつ手渡ししていた。その一角は非常に汚く、学外の業者や学生で黒山の人だかりができていた。連絡してもなかなか取りに来なかったり不在だったりといった問題も生じてい

図3-6　合計6000個超の荷物を保管できる宅配ボックスは毎日多くの学生たちが利用している　2021年10月、筆者撮影

た。宅配ボックスの設置によりこれらの問題が解消されたわけだ。

システムはいたってシンプル。配達が完了すると、荷物の入ったボックスの番号とパスワードが記載されたショートメッセージが送られてくるので、それを入力すると扉が開く。もしくは、ウィーチャットに事前登録しておけば、パスワードを使わずワンタップで扉を開けることも可能となっている。学内に設置された宅配ボックスは、合計６４０６個の大小異なる荷物が収納可能で、多くの学生たちに日々利用されている（図３-６）。

学内ではほぼ１００％キャッシュレ

ス化が実現しているが、大学専用の電子決済カードを持っていないと利用できない場所もある。シャワーと学食だ。共通しているのは、学外と比較して値段が安いことである。ある男子学生に話を聞くと、「10分程度のシャワーは1元（約17円）前後で、とても安い」という。

「食」といえば基本的には学食だ。近年ではメニューは多様になり、定食、丼、麺類以外に、串焼きや鍋料理なども提供している。数年前と比較すると、味も随分よくなってきたと感じる。魅力は何といってもその安さだ。2021年9月現在、最も安いメニューが「蛋炒飯」（卵チャーハン）の3元（約51円）だ。私のお気に入りは、本格的な石鍋を使った石焼ビビンバ。肉無し野菜ビビンバが10元（約170円）、鶏肉を入れても13元（約221円）と、学外より格段に安い。中国の大学では、学食に対し国からの補助金が充当されていると聞く。福利厚生の一環であるため、現金やモバイル決済を使えなくすることで、学生や教職員以外の利用を制限しているものだと考えられる。

余談ではあるが、「中国は一人っ子だからわがままな子供が多い」とよく耳にする。幼少時はそうかもしれないが、多くの学生たちと接してきた私から見ると、中国の大学生たちの協調性は比較的高いと感じる。学生寮は4～5人部屋が一般的で、約15平米のワンルームに下が机となっているロフトベッドが人数分おいてあるだけの無機質な空間だ。私が初めて留学した1996年の環境はさらに劣悪で、8～10人が一つの部屋で暮らしていた。環境はけっして良くないものの、集団生活を送ることにより、学生たちの協調性が養われているのかもしれない。

ETCで進んだクレジットカードの普及

新型コロナで非対面、非接触ニーズが高まる中、駐車場の無人化も進んでいる。利用されているのが電子料金収受システム（ETC）だ。高速道路のETCは距離に、駐車場では利用時間の長さに応じて課金される。ETC搭載車であれば事前の申請は一切必要なく、待ち時間の短縮にもつながるため、北京の友人たちもよく利用しているという。

このようなシステムを急速に導入することができた背景に、都市部におけるETC普及率の高さがある。普及を主導したのは中国政府だ。2019年6月、中国の経済政策を決定する上で重要な役割を果たしている国務院の中核組織・国家発展改革委員会と交通行政を担う交通運輸部は、「高速道路ETCサービスの推進加速実施方案」を公表し、ETCの本格普及へと舵《かじ》を切った。

政府がETCの普及を推進する要因の一つに、都市部における渋滞問題がある。北京市では、一般道路だけでなく、高速道路の渋滞も深刻で、日曜日の夕方になると郊外から市内に戻る自動車がひしめき合い、「低速」道路へとかわる。

北京の高速道路は比較的安価なため、利用車両数が多く料金所で渋滞を起こしやすい。普通に並ぶだけでも時間がかかるのに、少しでも先に行こうとする割り込み車両も出てきて、さらなる渋滞を引き起こす。ときには接触事故が発生し、まったく動かなくなる事態もある。

その打開策の一つがETCというわけだ。例えば、北京市内と河北省承徳《しょうとく》市をつなぐ「京承高速公路」。北京北部に集積するゴルフ場へのアクセスが便利で、市内在住のゴルフ愛好家であれば一度は通ったことのある高速道路だ。その途中にある合計22レーンの巨大な料金所では、隅っこの方にしかなかったETC専用レーンが一気に半分以上の12レーンまで増設された。支払いのために停車する必要が無いので、料金所での渋滞は大幅に緩和された。

その一方で、現金支払いレーンが減少したことで渋滞は一時的にひどくなる。長蛇の列に並ぶドライバーが、大渋滞を横目にETC専用レーンを通過する自動車を見てET

C搭載を検討するのは自然の流れであろう。北京などの都市部では、駐車場への出入りに起因する渋滞も多く、ETC駐車場の普及による渋滞緩和も期待される。

中国のETCは基本的には日本と同じタイプで、車載器にカードを差し込んで利用する。支払い方法は、翌月払いのクレジット式と、あらかじめ料金を前払いしておくプリペイド式がある。北京の友人によると、「プリペイド式は面倒だから、クレジットカードを使っている人が多い」という。

これを商機と捉え真っ先に動いたのがETCの専用カードを提供する銀行だった。とくに資金力に富む大手銀行は、ETC車載器の無料配布や高速料金の5%割引、ガソリン代割引など、さまざまなキャンペーンを行った。大学の付近にある銀行でも、入り口に宣伝ポスターが貼られ、携帯電話にもETC勧誘のショートメッセージが届いた。「もし誰かがあなたの車内を見ていたとしても警察に通報しないで。銀行の営業担当者が、ETCが搭載されているかを確認しているだけだから」。当時、このような投稿がSNS上で広く拡散され大きな話題となったほど、銀行による顧客争奪戦は熱を帯びていた。

ETCというツールがクレジットカードの普及に適しているという点もある。ETC

を使うのは自動車の所有者であり、経済力、信用力が比較的高いと判断されやすいだろう。

政府と銀行による積極的な取り組みにより、全国のETC利用者数は急増。正式な統計データは存在しないが、交通運輸部によると、ETC利用者数は2019年の1年間で1・11億人増加し1・92億人に達したという。

カード発行量の増加にともない、カードを使ったキャッシュレス消費も増加している。私の北京の友人たちもこれまでクレジットカードは使ったことがなかったが、ETCをきっかけに、日常的な支払いにまで利用するようになったそうだ。

2000年代初め、クレジットカードが普及していない中国において、安心してネットショッピングができるようにと、アリペイが開発された。その後、スマートフォンの時代が到来したことでモバイル決済が爆発的に普及した。そして今、クレジットカードを使った消費がようやく浸透しつつある。中国では、モバイル決済以前にクレジットカードが普及していた先進国とは異なる順番でキャッシュレスが進化している。

デジタル人民元

アリペイやウィーチャットペイはすでに中国社会に幅広く普及し、ほぼすべての国民が現金に代わる「通貨」として利用している。これらに加え、中国政府が新たなキャッシュレスツールとして世に送り出そうとしているのが、中国の中央銀行デジタル通貨（CBDC）、通称「デジタル人民元」だ。

デジタル人民元は、2020年から地域を限定した試験運用が始まっている。最初に市民参加型の試験運用が行われたのが深圳市羅湖《らこ》区、香港と隣接するゲートウェイ都市だ。抽選で5万人の深圳市民に配布された、一人200元（約3400円）のデジタル人民元は、2020年10月12～18日の期間において、すでにシステム対応を終えた同地区の3389店舗で利用された。翌年2月には首都北京でも試験運用が行われたので、私も応募してみたが残念ながら外れてしまった。

デジタル人民元は、補助金など政府から個人への支払いにも利用できる。深圳市では、新型コロナとの戦いで貢献度の高かった5000人の医療・介護従事者に対し、デジタル人民元でボーナスを配布している。

中国人民銀行が公表した『中国デジタル人民元研究開発進展白書』によると、2021年6月末までに、試験運用場所は132万ヵ所を超え、飲食店や小売店、交通機関などでおよそ7075万回、345億元（約5865億円）が利用されたという。

デジタル人民元は中央銀行が発行する法定通貨であるため、現金と同じようにいつでも誰でもどこでも使える決済手段としての役割が求められる。例えば、地震や洪水などで通信基地局に障害が生じインターネットに接続できなくなった場合、アリペイやウィーチャットペイは途端に無力化する。これに対し、デジタル人民元の決済デバイスには、近距離無線通信（NFC：Near Field Communication）機能が搭載され、通信状況に左右されることなく決済ができる点で異なる。店舗の読みとり機以外でも、支払人と受取人の両方のスマホをタッチするだけでお金のやりとりができる。

高齢者などスマホを持っていない人向けには、デジタル人民元専用デバイスの開発も進んでいる。2021年9月に北京で開催された中国国際サービス貿易交易会の会場では、腕時計やブレスレットなどのウェアラブルタイプ、杖《つえ》の持ち手の部分に支払い機能が付いたステッキタイプ、残高が確認できるカードタイプなどがお披露目された。

北京や上海などの一部の対象都市では、中国籍に限らず、外国人でも利用可能となっている。私は、中国四大銀行の一つである中国建設銀行のアプリ内にあるミニプログラムを使ってデジタル人民元専用ウォレットを使っている。最初に申請する必要があるが、すでにモバイルバンキングのための本人認証は済んでいるので、わずか数分の作業で開設できた。

実際に、コンビニで支払いを行ってみると、すでに幅広く普及しているアリペイ、ウィーチャットペイとの大きな違いは無かった。そのため、正式発行後もあまり普及は進まないのではないかとの声も聞く。

デジタル人民元の今後の展望に関しては、第６章で詳しく紹介する。

ブラックな「デジタル農民」

ここまで新型コロナ禍を契機に中国で進んだデジタル社会実装について、具体的な事例を挙げながら紹介してきた。中国が急速にデジタル化を進めることができた陰には、ミクロレベルで「縁の下の力持ち」となっている技術者たちの存在がある。過去になかったまったく新しいサービスも、既存のサービスの顧客需要を吸い上げ新たな機能を追加する「微創新」（わずかなイノベーション）も、現場の技術者たちがいて初めて社会に実装されていく。

デジタル社会となった中国に必要不可欠な彼らは、自らを「数碼農民」（デジタル農民）略して「碼農《マーノン》」と呼ぶ。「三農（農村・農業・農民）問題」が社会問題となっている中国において、「農民」はときとして「貧困」「苦労」の代名詞として用いられるネガティブワードだ。

彼らはなぜ自嘲《じちょう》するのだろうか。コロナ前の2019年に、北京の某企業で「デジタル農民」を管理するマネージャーから聞いた話を紹介したい。

このマネージャーが勤める会社は、おもに大企業から委託を受けてシステムを開発している。実際に作業をする従業員は計43人と小規模で、キャリア5年未満の「新人」ばかりだ。学歴は大卒者が約3割と「全体的に低い」。

彼らの2019年1月の平均月収は、税引き前給与で約1万2100元（約20・6万円）。月によって若干のばらつきがあるものの、毎月ほぼこの給与水準だという。国家統計局によると、2019年における北京市都市部の民間企業の平均月収は7105元（約12・1万円）である。また、同年に就職が決まった私の大学院の教え子の初任給が1万1500元（約19・6万円）。公式統計は存在しないが、文系の大学院卒で北京の民間企業に就職する場合の初任給は、おおよそ9000〜1万2000元程度だ。これらと比較しても「デジタル農民」の額面上の給料は決して低くはない。

高収入の裏にあるのが、長時間労働である。「デジタル農民」の一般的な勤務状況は「996」。朝9時出勤、夜9時退勤、週6日勤務という意味だ。繁忙期は徹夜もありうる。ほとんどの従業員が職場の近くに部屋を借り、複数人数でシェアしている。家は帰って寝るためだけの場所にすぎない。

この「996問題」は、アリババ創業者の馬雲（ジャック・マー）氏が、社内の交流会で「996」を肯定するような発言をし、ネット上で大きな物議を醸《かも》した。これからも、中国のテック業界では長時間労働が日常化していることがわかる。また、技術の進歩も速く、つねに新たな技術や知識を習得しつづける必要があり、肉体的のみならず精神的にも厳しい。

このような過酷な労働環境こそが、自らを「デジタル農民」と揶揄《やゆ》する最大の理由だ。この会社のマネージャーは北京出身だが、技術者はすべてが地方出身者。「比較的裕福な環境で育った北京出身の多くは、このつらい仕事には耐えられない」（同マネージャー）からだ。

過酷な環境にもかかわらず離職率は低いという。逆に、雇用契約は毎年更新で、能力の低い人材はリストラされる可能性もあるため、クオリティを求める発注元に応えようと必死で働いている。

それに、少しでも長く、継続して現場経験を積む目的もある。彼らは、単に日銭を稼ぐために働いているわけではない。「この業界はキャリアが最重要。我が社のような小さな会社で最低5年間我慢し努力すれば、BAT（バイドゥ、アリババ、テンセント）のようなITトップ企業の門をくぐり、より高収入を得る道を開ける」とマネージャーは言う。明確な目標があるからこそ、過酷な労働条件の下で「デジタル農民」と自嘲しながらも、努力し続けることができるのだろう。

学歴をきわめて重視する中国において、いったん受験に失敗し学歴社会からドロップアウトすると、自ら起業し成功する以外は、都市部で住宅を購入できるほど裕福な生活を送ることは難しかった。しかし、デジタル社会が到来し、新たな成功を夢見て再起を図る若者が増えているのだ。

新型コロナ禍で変わる労働市場

新学期が9月から始まる中国では、大学生の就職活動は「秋季」と春節を挟んだ翌年の「春季」に二度のピークがある。それぞれ10月と2月頃から始まり、3ヵ月ほど続く。

比較的高い経済成長が続く中で、生産年齢人口が減少に転じた中国では、学生優位の「売り手市場」となっていると思われがちだが、就活生たちが直面するのは「就職超氷河期」という現実だ。これはコロナ前から変わらない。

その背景にあるのは大卒者の急増である。中国では1998年に高等教育規模拡大政策が実施され、大学の定員数は右肩上がりに増加してきた。中国教育部の統計によると、1998年にはわずか9・8％だった大学進学率は、2020年には54・4％にまで高まっている。それにともない卒業生の数も98年の約87・7万人（大学生83万人、院生4・7万人）から、20年の870万人（大学生797万人、院生73万人）にまで増加している（図3-7）。卒業生が急増する一方で、その受け皿となる企業の増加が追いついていないのだ。

その労働市場を新型コロナウイルスが襲った。新型コロナ禍の中で就職活動をしていたある男子学生に希望就職先を尋ねると、「金融機関だけではなく、BATやバイトダンスなどのIT大手を受ける」という予想外の答えが返ってきた。私が勤務する対外経済貿易大学は、財経類（金融・経済分野）トップの重点大学で、過去の教え子の中で、民間IT企業に就職したケースは少数派だった。

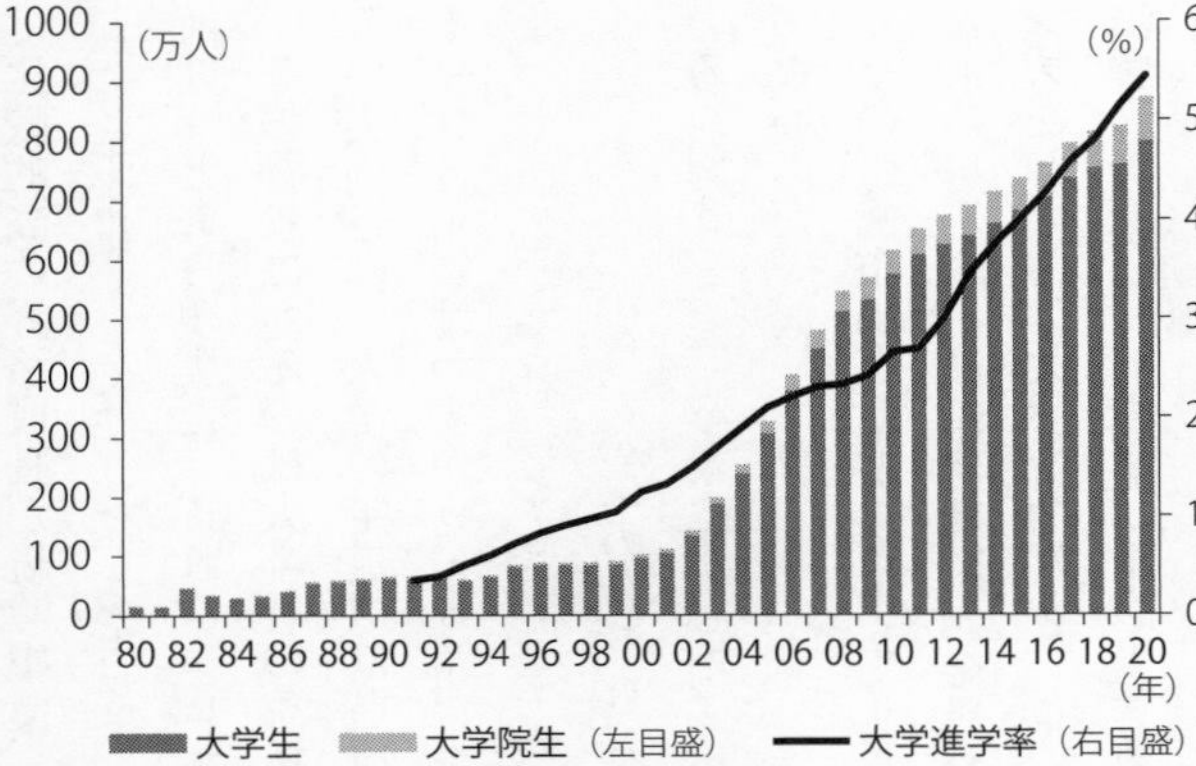

図3-7　中国における大学進学率と卒業生の推移
（出所）中国教育部の資料を基に筆者作成

背景にあるのが、好業績に沸くＩＴ業界の雇用の拡大だ。新型コロナの感染拡大でほとんどの産業が大きな打撃を受ける中、ＩＴ企業の多くがコロナを逆手に業績を伸ばしている。例えば、テンセントが発表した２０２０年12月期の連結決算は、売上高が前年同期比27・７％増となる４８２０・６億元（約８・２兆円）、純利益は71・３％増の１５９８・５億元（約２・72兆円）であった。

そのテンセントは、２０２０年秋季の大学採用枠で、過去最高となる５０００人超（前年比43％増）を採用すると発表。21年のインターン募集でも、前年同期比２２８％増となる８０００超のポストを用意した。

大学内部で出回っている就職先企業情報リストを見ると、ＩＴ大手の名前がずらりと並び、インターネット系、科学技術系の企業が全体の半数以上を占めていた。

中国の大学生に人気の就職先は、銀行や証券会社などの金融業界だ。全体的には、採用人数は拡大傾向にあるが、求める人材は変化している。２０２１年に金融業界に就職したばかりの卒業生は、「圧倒的に理工系学生が多い。来年はフィンテック人材の求人をさらに増やす予定だ」と話す。新型コロナにより社会全体のデジタル化がさらに進み、就活の中心となる業界や企業が求める人材にも変化が表れ始めているようだ。

一方、同じＩＴ業界でも比較的規模の小さい企業はどうか。北京の某中小ＩＴ企業でマネージャーを務める北京人男性に話を聞くと、「２０２０年8月時点で、仕事量はコロナ前の状況に、業績は前年のレベルを回復した」という。大企業ほど鮮明ではないが、「末端」（同マネージャー）にある企業でも順調に回復しているようだ。実際のところ彼の知る限り、失業した同業者はおらず、コロナ前から雇っていた従業員についても一人も解雇していないという。

もともとデジタル化が進んでいた中国社会であったが、新型コロナによりリモートワークやオンライン授業が浸透し、ネットショッピングやフードデリバリーなどの在宅消費の需要が高まり、「健康コード」が外出時の必携アイテムになるなど、社会的なデジタルトランスフォーメーション（DX）が急速に進んだ。

この流れは国家の後押しもあり、今後さらに加速していくと予想される。2020年5月の全国人民代表大会（全人代）で李克強《リークォーチャン》首相が読み上げた「政府活動報告」でも、「ネットショッピング、オンラインサービスなどの新業態が感染症対策で重要な役割を果たしており、引き続き支援政策を実施し、「インターネット＋」を全面的に推進し、デジタル経済における新たな優位性を確立する」としている。また、第5章で詳しく説明するが、2021年3月に正式に発表された『国民経済・社会発展の第14次五ヵ年計画および2035年までの長期目標』でも、「デジタル化の発展を加速させ、数字中国を建設する」という方針が盛り込まれている。

中国社会全体を見渡せば、「996問題」は依然として存在する。しかし、社会の急速なデジタル化がさらに加速すれば、労働市場における技術者へのニーズが高まり、ひいては「デジタル農民」労働環境の改善につながるかもしれない。実際に、前述のマネージャーが勤める会社は「週末はオフ。996ではない」と声は明るい。

世界を一変させた新型コロナウイルス。大学生の就活や「デジタル農民」の職場環境など、中国の労働市場にも変化をもたらしそうだ。

　そして、巨大な変化の波は新型コロナ時代の勝ち組となった、新経済のプラットフォーマーにも訪れようとしている。

第4章

新経済プラットフォーマーの光と影

アント上場延期という衝撃

2020年11月3日、アリババグループ傘下のフィンテック企業・螞蟻集団（アント・グループ）が計画していた上海と香港での新規株式公開（IPO）が延期された。「決済」という中国新経済の中核を担うアントの上場への注目度はきわめて高く、個人投資家も殺到。調達額は370億ドル（約4・07兆円）に達する見通しで、実現していれば2019年12月に上場したサウジアラビアの国営石油会社サウジアラムコ（294億ドル）を超え、史上最大規模のIPOとなるはずだった。すでに投資家からの払い込みも終えており、上場わずか2日前の突然の延期発表は市場に大きな衝撃を与えた。

突然の延期の理由は何だったのだろうか。延期発表直前の10月24日にアリババ創業者のジャック・マー氏が行った、金融監督行政に対する批判的なスピーチが金融当局を怒らせたからとの見方もあるが、そのような単純な話ではない。本章ではその根本的な問題を明らかにする。

新経済のプラットフォームである支付宝（アリペイ）は、日常生活に関することはほぼすべて何でもできる中国最大のスーパーアプリにまで育った。しかし非上場企業のアントに関する公開情報は限定的で、外からはその実態が見えにくかった。
それが明らかになったのが２０２０年8月。アントは上海と香港の証券取引所にＩＰＯを申請し、公開された７００ページほどの上場目論見書によって、それまでベールに包まれていたアントの事業構造や財務構造、収益状況、主要株主などの詳細が初めてつまびらかになった。

本章の前半部分では、この上場目論見書を参考に、具体的なサービスとともに、アントのビジネスモデルを紹介する。アントが自社プラットフォーム上でどうやってユーザーの囲い込みを行っているのか、また、そこからどのように利益を上げているのかが分かるはずだ。後半部分では、問題視されているアントの錬金術を紹介したうえで、ジャック・マー氏のスピーチの内容を読み解く。また、足元で強化されているプラットフォーマー規制の動向も紹介しつつ、今後の課題を展望する。

なお、同社は過去に数回社名を変更しており、特に断りが無い限り旧社名時も含めて「アント」で統一する。

1　アント・グループのビジネスモデル

アント＝デジタル決済＋デジタル金融

アントの収益構造を見ると、祖業である「デジタル決済」と、融資・投資・保険の三本柱からなる「デジタル金融」の２部門で全体の99％を占める。なお、上場目論見書では、この2部門にブロックチェーンなどの「イノベーション事業」部門を加えた3事業を柱としているが、同事業は構成比で１％にも満たないため、ここでは詳しい解説は行わない。

まずは、デジタル決済とデジタル金融の基本情報を見てみよう（図４‐１）。デジタル決済のアリペイは国内ユーザーが10億人を超え、加盟店も８０００万店を超える中国最大のプラットフォームにまで成長した。２０２０年６月までの1年間（19年7月～20年6月）の中国国内におけるアリペイでの決済金額は、１１８・０兆元（約２００６兆円）に達し、国内シェアの過半数を占める。収益源は、加盟店などの参加企業やユーザーに課す手数料で、２０１９年におけるデジタル決済部門の営業収益（構成

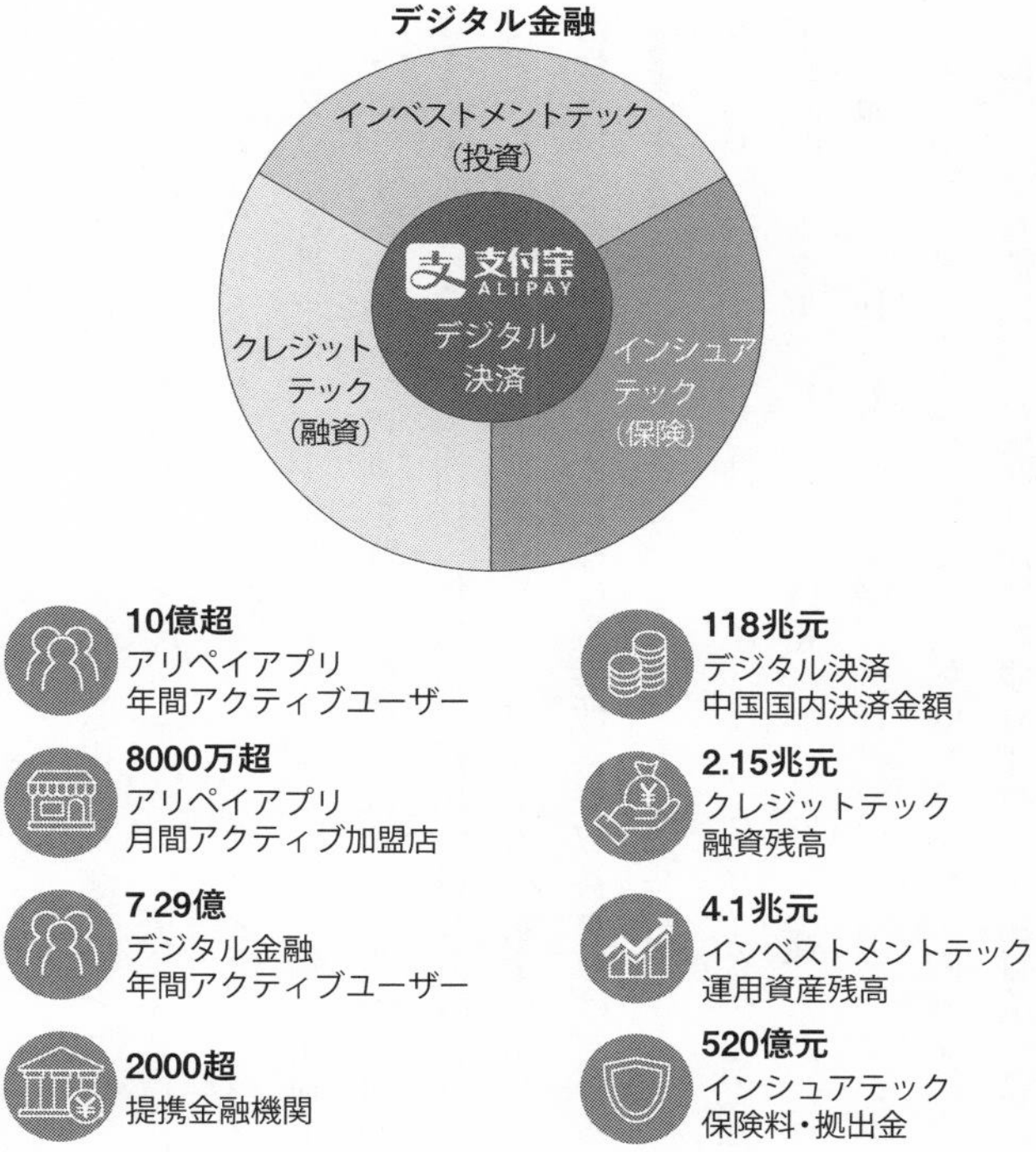

図4-1　アント・プラットフォームの基本情報
（出所）アント・グループ上場目論見書を基に筆者作成
（注）2020年6月30日時点のデータを使用

比）は519・1億元（43・0％）となっている。

デジタル金融は、2000社を超える提携金融機関と共同で、融資、投資、保険などのサービスを提供している。これらはそれぞれ、クレジットテック（Credit Tech）、インベストメントテック（Investment Tech）、インシュアテック（Insure Tech）と呼ばれ、2020年6月末までの1年間で7・29億人のユーザーが利用している。アントのプラットフォームを通じて提供された融資残高は2・15兆元（約36・6兆円）、運用資産残高は4・1兆元（約69・7兆円）、保険料や拠出金は520億元（約8840億円）に上る。デジタル金融ではオープンプラットフォーム戦略を採用しており、提携金融機関に技術サービスを提供し、そこから得る手数料で収益を上げている。2019年の営業収益（構成比）はクレジットテックが418・9億元（34・7％）、インベストメントテックが169・5億元（14・1％）、インシュアテックが89・5億元（7・4％）、デジタル金融部門トータルで677・8億元（56・2％）に達している。

本節では、これらデジタル決済、クレジットテック、インベストメントテック、インシュアテックの4事業について、具体的なサービス内容を紹介しつつ解説を行う。なお、本節で示す数値は、特に断りが無い限りすべて上場目論見書に基づいている。

⑴デジタル決済

アントの起源は、2004年にアリババの電子商取引（EC）サイト「淘宝網《タオバオワン》」の決済手段としてアリペイを開発したことに始まる。

EC黎明《れいめい》期の当時、中国では人と人との信用関係が希薄で、インターネット上ではそれが特に問題になっていた。商品が届いても壊れていたり、見本と違ったりといったトラブルも発生した。また、顧客が代金を支払った後にネット上の店舗を削除し逃亡するという売り手による詐欺もしばしば起こっていた。顧客と販売者の間に「信用」がないため、なかなか取引が成立しなかった。

また、当時の中国では、銀行振込には多くの時間と手数料がかかるうえ、クレジットカードも普及していなかったため、ECの持続的発展のためには決済の利便性向上が大きな課題であった。ここに目をつけたアリババは、クレジットカードに代わるアリペイを開発したわけである。なお、2019年末時点ですら、18歳以上人口の75％がクレジットカードを所有していない。

アリペイの仕組みは簡単だ。購入者がネット上で商品の購入手続きをすると同時に、代金はいったんアリペイへ支払われる。販売者から郵送された商品の中身を確認し、問題なければネット上で支払いの手続きをする。最終的にアリペイから販売者へと代金が支払われて取引が完了する。

購入者と販売者の間にアリペイが入り、取引の安全性に責任を持つことで、売り手のモラルハザードを防ぎ、利用者に安心してショッピングできる環境を提供した。経済活動に必要不可欠な「信用」を「担保する」というビジネスモデルで、市場参加者間の信用のギャップを解消したのだ。

この画期的な第三者決済サービスは、タオバオだけにとどまらず、他の企業も導入するようになり、さまざまなオンライン取引の決済ツールとして使用されるようになっていく。アントが中国のオンライン取引の発展に貢献した功績は計り知れない。

モバイル・インターネット時代の到来

アリペイが導入された2004年当初、商品の注文はパソコンから行われるものだった。やがて2000年代後半になると、高速通信網の整備にともない、スマートフォン（スマホ）の時代が幕を開ける。

90年代以降緩やかに増加してきた中国のインターネットユーザーは、２００７年前後のスマホの登場を契機に急拡大。２０２０年12月現在、中国のインターネットユーザーは９・89億人となり、普及率は70・４％に達した。２０１０年代に入ると、インターネットアクセス手段の主役がパソコンからスマホへと急激にシフトした。世帯普及率を見ると、２０１０年では８割近くあったデスクトップ・パソコンは、20年12月には32・８％となった。ノートパソコンも低下傾向で、ついに３割を切った。一方スマホはうなぎ上りで、99・７％に達している。つまり、インターネットにアクセスしているユーザーのほぼ全員がスマホを利用しているのだ（図４‐２）。

この時代の変化に素早く対応したのがアントだった。２００９年には、中国初のモバイル決済アプリであるアリペイを発表し、これまでパソコン上でしかできなかったオンライン決済手段を携帯することを実現。11年には、銀行以外の企業が銀行口座からチャージした資金で決済サービスを提供できる「第三者決済機関」のライセンスを取得し、QRコードによるモバイル決済が本格的にスタートした。

クレジットカードや非接触型ICカードなど、旧来型のキャッシュレス決済ツールは店舗側が専用の読みとり機を用意する必要があった。これは導入コストがかかってしま

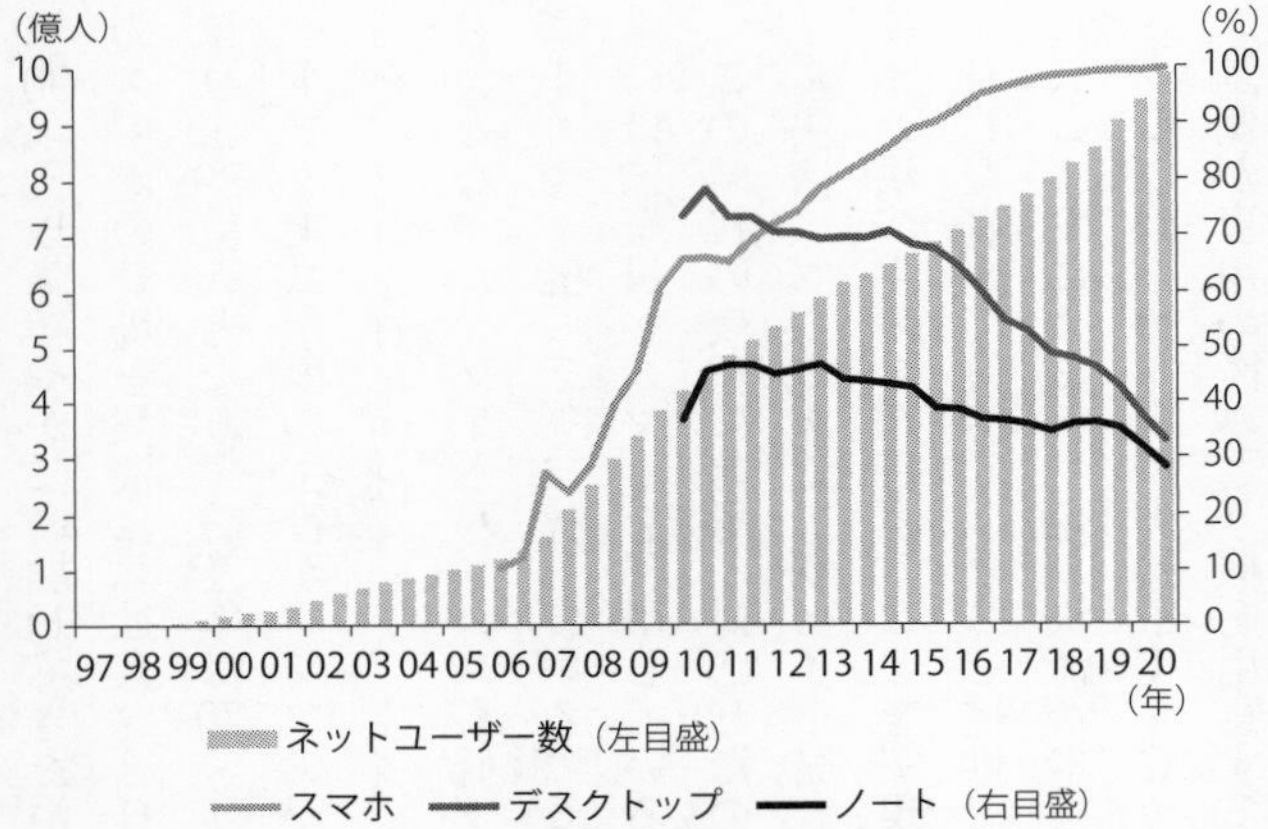

図4-2　インターネットユーザー数とアクセス手段の推移
（出所）中国互聯網絡信息中心（CNNIC）の資料を基に筆者作成
（注）アクセス手段の比率は複数回答

うため、店側の負担が大きい。中国でも、「銀聯《ぎんれん》カード」（デビットカード）が２０００年代から普及していたが、専用の読みとり機導入の必要性から、百貨店やスーパー、コンビニなど、一部の大手小売店でしか利用できなかった。

　アントが中国で初めて導入したＱＲコード決済はまったく逆の発想だった。多くの国民が持ち歩くようになったスマホをスキャナーとして使う決済方法を開発し、人海戦術であらゆる店にスマホ決済専用のＱＲコードを配って回ったのである。この方式は、町の売店や道端の露天商、屋台など、レジが設置されていないお店も採用しやすい。機械の購入は一切必要なく、決済用QRコードをプリントアウトしてお店に貼りつけるだけで完了。導入コストはほぼ無料に近い。

QRコード決済のもう一つの魅力が手数料の安さだ。私の友人が経営する会社が契約する第三者決済サービス業者の手数料は、2021年9月現在では0・38％であった。「銀聯カード」や一般的なクレジットカードの加盟店手数料より断然安いという。

店舗側のコスト問題をクリアしたことに加え、ユーザーにとってもカードを取り出すことなくスマホを操作するだけで支払える利便性が受け、実店舗でモバイル決済は爆発的に普及。2016年ごろになると、レストラン、スーパー、コンビニ、露天商を含め、スマホで決済できない店を探す方が難しくなった。

ワンストップサービス

デジタルプラットフォーム成功のメカニズムの一つに、ネットワーク外部性がある。つまり、プラットフォーム上に一定数のユーザーが得られれば、一気に普及し自己増殖していく。アリペイ上でユーザーを確保し続けていくためには需要の創出が必要で、消費者や加盟店などのニーズを把握したうえで、ワンストップでサービスを提供して囲い

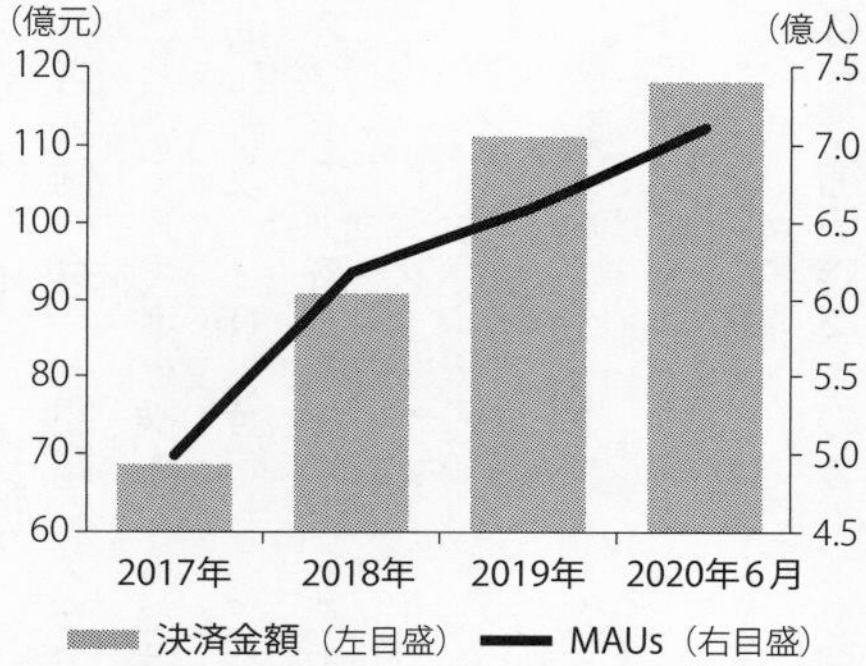

図4-3　アリペイの決済金額と月間アクティブユーザー数

（出所）アント・グループ上場目論見書を基に筆者作成
（注）決済金額における2020年数値は19年7月〜20年6月で、それ以外は年末値。月間アクティブユーザー数における2020年数値は6月で、それ以外は12月値

込むことが鍵となる。

その手法の一つが、第3章でも紹介したミニプログラムだ。ユーザーとしては、ミニプログラムであればダウンロードもインストールも不要で、スマホデータの容量を気にすることなくさまざまなサービスを利用することができる。企業側も、開発経費が低く抑えられ開発速度も高まる。何といっても、10億人を超えるユーザーとの接触機会が増えることは、自社のビジネス拡大に資するのだ。このような双方向のメリットを背景に、アリペイ内のミニプログラムは急拡大し、２０２０年6月30日現在、飲食、移動、娯楽、医療、自治体サービスなど、合計２００万以上のミニプログラムが利用可能となっている。

アントのデジタル決済の収益の大部分は、アリペイの利用を通して、加盟店などの参加企業から得る取引手数料だ。また、アリペイウォレットから銀行口座への振り込みやクレジットカードの返済など、ユーザーの個人的取引に対しても課金している。プラットフォーム内の取引数が増えれば増えるほど、アントの収益も高まる仕組みとなっている。

２０２０年６月のアリペイの月間アクティブユーザーは７・11億人に達し、17年12月の４・99億人から１・42倍となった。19年の決済金額は１１１・１兆元（約１８８９兆円）に達し、17年の68・５兆元（約１１６５兆円）から１・62倍となった（図４-３）。ミニプログラムが本格的に普及し始めた18年からプラットフォームが急激に拡大していることが、このグラフからも確認できる。

「信用データ」の蓄積

このように、デジタル決済の直接的収益は、まさに、アリペイ開発当時にアリババが自らリスクを取り信用を担保したことへのリターンだ。これにとどまらず、そこから得た副産物はさらに大きかった。取引ごとに蓄積されていく莫大な量の信用データである。

これがもう一つの新経済プラットフォーマーであるウィーチャットペイとの最大の違

いと言える。ウィーチャットペイが、コミュニケーション・ツールであるチャットアプリがベースとなっているのに対し、アリペイの出発点はＥＣだ。実際に取引を行う消費者と販売者双方向の信用データがすべてアントに集まる。２０００年代のネット通販の決済のほとんどがアリペイで行われていた点に鑑《かんが》みると、信用データの蓄積量の差は歴然であろう。

２０１０年代に入るとアントは、長年にわたって蓄積されたビッグデータと独自のＡＩ技術を駆使し、金融サービスの開発に着手する。社名を「浙江螞蟻小微金融服務集団（アント・フィナンシャル）」へと変更したのが２０１４年。圧倒的なユーザーを有するアリペイアプリ上で、融資、投資、保険商品を手軽に購入できるシステムを構築し、決済プラットフォームからの脱却、総合的な金融プラットフォームへの進化を遂げている。

アントが金融業への転換を本格的に進めたことで、多くのユーザー、提携金融機関がこのプラットフォームに集結することに。２０２０年6月30日現在、アントは銀行約１００行、資産運用会社約１７０社、保険会社約90社を含む３５０以上の金融機関と提携し、７・29億人のユーザーがアントのプラットフォームを通じて投資、融資、保険の何らかの金融サービスを利用している。

ここからはアントが提供する投資、融資、保険サービスを具体的に見ていく。

(2) 投資（インベストメントテック）

デジタル決済事業を10年間運営してきたアントが次に目をつけたのが、アリペイ口座に積みあがった巨額の遊休資金だった。ネット通販の購入者はアリペイの口座に資金を入れておき、商品購入時にそこから販売者へ代金を支払う。販売者も受け取った資金の一部はアリペイ口座に残す場合が多い。現金化には手数料が必要だからだ。ネット通販の利用者が増えれば増えるほど、ユーザーのアリペイ口座に資金が積みあがっていく。

２０１３年、アントはこの巨額資金を使って投資ができるシステムを、投資ファンド会社の天弘基金管理有限公司とともに開発した。ネット上でＭＭＦ（マネー・マーケット・ファンド：短期金融市場で運用する金融商品）に投資できるオンライン投資サービス「余額宝《ユィウバオ》」だ。

オンライン投資「余額宝」

余額宝はリリース直後から多くの投資家から注目を集め、ユーザー数、投資金額は急速に拡大していった。サービス開始から約半年後の13年末には中国最大のMMFにまで成長し、わずか1年後の14年6月末には、残高で5700億元（約9・69兆円）、ユーザー数は1億人を超えた。

余額宝の人気の秘密は何か。

まず挙げられるのが利便性の高さだ。従来型の投資信託や理財商品（財テク商品）を購入するには、わざわざ銀行に赴き、身分証明書の確認や書類の記入・サインなど、煩雑な手続きを経る必要がある。一方の余額宝は、銀行口座から余額宝アカウントに直接入金するか、アリペイのアカウント経由で資金を移動するだけで利用できる。新しい操作方法を覚える必要も無く、PCやスマホで「余額宝に送金」ボタンをクリックするだけだ。さらに、ユーザーがネット通販で買い物する場合、わざわざアリペイ口座に戻さなくても、余額宝のアカウントから直接支払うことができる。

次に、気軽さも挙げられる。「資産運用」と聞くと敷居が高いと感じる人は少なくないはずだ。余額宝は、即日の購入・解約が可能で、1元（約17円）からでも気軽に投資ができ、取引手数料もかからない。これが、銀行では相手にされなかった、アリペイのメインユーザーである若者たちを強く惹きつけた。余額宝がリリースされると、普段はあまり投資に興味のないような、大学の教え子たちすらもこぞってこの余額宝に資金を移していた。その一方で、中国の身分証明書を有していない我々外国人は投資できず、残念な思いをした記憶がある。なお２０２１年現在も、余額宝は外国人には開放されていない。

また、収益性の高さも大きな魅力の一つだ。余額宝のおもな運用先は比較的リスクの小さい短期金融市場で安全性がきわめて高いにもかかわらず、運用利回りは銀行の定期預金より高く、しかも利息金が毎日、支払われる。実際に、余額宝で資産運用をしたことが無い中国人アリペイユーザーに今まで出会ったことが無い。

天弘基金と共同開発してスタートした余額宝だが、２０１８年5月からは第三者の投資信託会社もこのプラットフォームを通じてＭＭＦを提供できるようになった。その数は２０２０年6月30日現在で24社に達している。

螞蟻財富――スマート財テク

「財テクをより簡単に」というコンセプトの下、アントが提供するフィンテックサービスを一つのプラットフォームにまとめたのが、「螞蟻財富（アント・フォーチューン）」

だ。アプリを開くと、先述の余額宝をはじめ、「理財（財テク）」「基金（投資ファンド）」「黄金」「股票《グーピャオ》（株式）」の文字がずらりと並ぶ。投資に特化したアリペイアプリ、と言えばわかりやすいだろうか。ビッグデータ、AI、クラウド・コンピューティングといった技術を使い、投資家のリスク許容度や財務能力に適した金融サービスを提供している。

2013年の余額宝サービス開始以降、アントは提携金融機関と共同でさまざまな金融商品を矢継ぎ早に開発してきた。当初、アントの理財商品はアリペイのカテゴリの一つとして表示されていたが、商品数の増加にともない徐々に使い勝手が悪くなっていった。この問題を解消するために、投資や資産運用のモジュールを独立させる形でアント・フォーチューンが誕生した。

2015年の誕生当初はアント自らが理財商品を販売していたが、プロの資産運用会社には敵《かな》わない。そこでアントがとった戦略は、その投資のプロにマーケットプレイスを提供し、自らは裏方に回り、技術面でサポートするというものであった。資産運用会社のパフォーマンスを高めるために、運用の最適化、コンプライアンス、リスク管理などにAIを活用している。

2017年にこの開放型プラットフォーム「財富号《ツァイフーハオ》」が正式リリースされると、アントのインベストメントテック部門は急成長していく。運用資産残高は2017年の2・23兆元（約37・9兆円）から20年6月の4・1兆元（約69・7兆円）へと2年半で83・9％伸びた。20年6月30日現在、大多数の投資信託会社や主要保険会社、銀行、証券会社など、約170社の資産運用会社が債券、株式、投資信託や定期預金など、6000種類以上の投資商品を提供し、1年間で5億人以上のユーザーが投資している。

アントの収益源は、運用資産残高に応じて徴収する技術サービス料である。プラットフォームが拡大すればするほど儲かるビジネスモデルだ。運用資産残高の伸びに合わせ、営業収益も2017年の104・9億元（約1783億円）から、19年には169・5億元（約2882億円）となり、伸び率は61・6％に達している。

最近では、投資の拡大を促進するために、AIを使って理財商品と投資家のマッチングを最適化する、ロボアドバイザー事業にも力を入れている。アントが開発したAI投資アシスタント「支小宝《ジーシャオバオ》」は、投資家一人ひとりにパーソナライズされた投資助言サービスを提供する。また、米資産運用会社バンガード・グループと合弁会社を設立し、アドバイザリーサービス「幫你投《バンニートウ》」も2020年4月にリリースした。

(3) 融資（クレジットテック）

アントは中国で初めて消費者や中小・零細企業がオンラインで無担保融資を受けられるサービスを提供した。それを実現させたのが、自社に集まったビッグデータとそれを分析する技術力である。

モバイル決済は、ユーザーは金銭的に「無料」で利用できるが、「個人データ」を対価として支払っている。利用登録には、氏名や年齢、住所、身分証明書番号など、個人情報の提供が求められる。また、いつ、どこで、何にお金を使ったかもわかる。プラットフォーム企業は無料でサービスを提供する代わりに個人データを収集し、それをビジネスのさまざまなシーンで利用している。その典型的事例が、2015年からスタートした信用スコアサービス「芝麻《ジーマ》信用」である。決済アプリから得られるさまざまな経済的情報と事前に登録した個人情報を組み合わせ信用を数値化、クレジットテックの基礎となっている。

信用スコア「芝麻信用」

「芝麻信用」とは、アリペイなどの使用状況や、過去の返済記録などのほかに、学歴や職歴、資産状況や交友関係などの個人情報をもとに信用スコアが算出されるサービスである。信用スコアは、ビッグデータとＡＩによって算出され、高得点のユーザーはさまざまな特典を受けることができる。例えば、信用スコアが一定基準を超えると、借家やホテル、レンタカー、シェア自転車などのデポジットが不要になったり、一部の国のビザ申請が簡素化されたりする。２０２１年7月現在、アントが信用スコアに応じて提供する信用サービスは６０００を超えている。

信用スコアは最低が３５０点、最高が９５０点で、スコアが高いほど信用レベルが高いことを表す。スコアは５つのランクに分けられており、７００～９５０点だとトップランクの「極好（大変良い）」、６５０～６９９点だと「優秀」となり、あとは６００～６４９点が「良好」、５５０～５９９点の「中等」、３５０～５４９点の「較差（やや悪い）」とつづく。

スコアリングの具体的なアルゴリズムは明らかにされていないが、大きく以下の５つの領域の指標に基づき算出される。

①信用記録：信用取引データや裁判所が提供している信用情報。ローンや物品レンタルなどの信用サービスの利用機会を増やし、それを期限通りに返済・返却することでスコアも上がる。裁判所が認定した、法律で定められた義務を履行できる能力を持っているのに履行しない「信用失墜被執行者」情報も利用されている。

②行為蓄積：ショッピングの支払い、税金や公共料金の納付、クレジットカードの返済など、アリペイを使った決済情報。決済サービスの利用頻度や金額に応じてスコアが上がる。また、アントが提供するチャリティ活動への参加状況もスコアに反映される。

③身分証明：学歴や職歴、運転免許証などの個人情報。学歴であれば、大学名、学位、卒業年など正確な情報を入力することでスコアが上がる。

④資産証明：動産や不動産といった個人の資産の状況。自家用車や房産証（不動産権利書）、ファンドや金といった金融商品などの保有情報を入力すると、それらを踏まえた債務不履行のリスクに応じてスコアが上がる。余額宝の残高も信用力として反映される。

⑤人脈関係：アリペイ上でつながっている友達の数。主として「芝麻信用」の使用期

間が比較的短いユーザーの信用スコア算出に用いられる。

アントが明らかにしている信用スコアアップのコツを見ると、「信用サービスの利用を増やし約束を守る」「アリペイの利用機会を増やす」「十分な個人情報を提供する」「返済能力を証明する」「チャリティ活動に参加する」とある。

チャリティ活動の代表例が16年からサービスを始めた「アントフォレスト」だ。例えば、車を使わず自分が歩いた歩数に応じたポイントを受け取り、そのポイントを使って仮想空間で木を育てる。ポイントが一定以上たまったら、アントや協賛会社が出す資金で実際に植林することができる。私も使っているが、実際にたまったポイントで寄付を行うと、デジタル証書が発行されＳＮＳなどでシェアすることもできる。

具体的な私のスコアは６８７点で、上から二番目の「信用優秀」にランクされている（２０２１年９月現在。図４‐４）。なお、スコアが比較的高くなるのは、学歴や職歴などを登録している「身分」だが、外国人はアントが提供する金融サービスの多くを利用することができないので、「行為」や「資産」の寄与度は低い。私の信用スコアはここ数年まったく上がらなかったので、試しに業種、会社名や住所、年収といった情報を新た

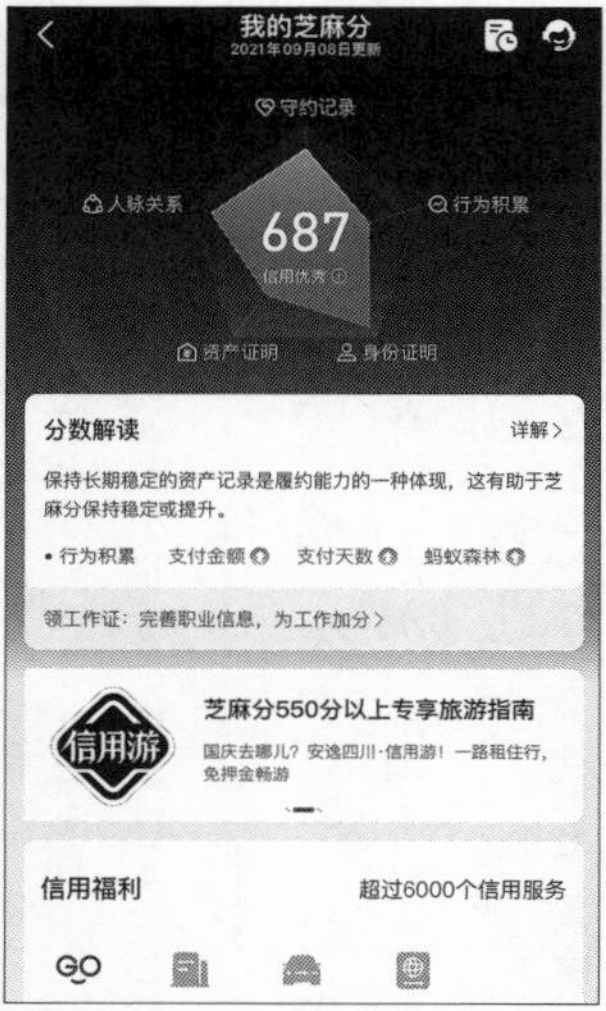

図4-4　「芝麻信用」の画面。筆者のスコアは687点で「信用優秀」にランクされている　2021年9月、筆者撮影

に登録してみたが信用スコアは1ポイントも上がらなかった。どうやら、「身分」の寄与度は上限に近づいているようだ。

アントはこの「芝麻信用」を用いてユーザーの囲い込みを行っており、自己増殖的にエコシステムが拡大している。信用スコアを高めるために積極的にアントが提供するさまざまなサービスを利用するユーザーが増えると、アリペイ上でサービスを提供する企業も増える。取引が増えれば、より多くのデータがアントに集まり、信用評価に関する分析精度も高まる。信用スコアの分析精度が高まれば、より高度な信用商品の開発が可能となる。

アントは近年、「芝麻信用」をベースとした金融サービスを矢継ぎ早に開発し、それがクレジットテック部門の急成長につながっている。

個人向け小口融資「花唄」「借唄」

クレジットテックの主力商品が、個人向けオンライン融資「花唄 Huabei」と「借唄 Jiebei」である。中国語で、「花」は「(お金を)払う」という意味で、「唄」は文末に用いて「～すればいいじゃないか」という気持ちを表わす。つまり、消費するのに十分なお金を持っていない人に対して、「花唄」は「払っちゃいなよ(買っちゃいなよ)」、「借唄」は「借りちゃいなよ」というメッセージが込められている。アントのメインユーザーである若年層を意識したネーミングと言える。

「花唄」は、後払い方式のオンラインクレジット決済サービスで、実際に消費した月の翌月10日までに一括で返金すれば無利子で利用できる。期間に応じた金利負担は生じるが、3回、6回、9回、12回の分割払いも可能だ。クレジット限度額は最大5万元(約85万円)で、最低利用金額は20元(約340円)からとなっている。2020年6月末までの1年間において、「花唄」の平均残高は約2000元、大多数のユーザーの一日あたりの金利は約0・04%以下となっている。サービス開始当初は自社グループ内のEC向けのサービスであったが、現在はグループ外のECや一部のリアル店舗にも利用は拡大している。国内だけではなく海外にも広がっており、コロナ前の2019年に旅行で訪れた北海道のホテルでも、「花唄」が使えるとの広告が出ていた。

「借唄」は、無担保で簡単に現金を借りることができるオンライン消費者ローンだ。「花唄」では対応しきれない、より大口の資金需要を満たすために開発された。最低利用金額は1000元（約1万7000円）、最大限度額は30万元（約510万円）で、信用力に応じて金利が設定される。

最大の特徴が、AIとビッグデータを用いた与信システムだ。個人情報やアリペイでの決済履歴から得られたビッグデータを分析することで、ローン申請者の信用度を分析し、迅速な融資を実現している。申請すると、数秒以内に与信判断が行われ、アリペイ口座にお金が振り込まれる。

これらのサービスの裏側で非常に重要な役割を果たしているのが「芝麻信用」だ。「花唄」および「借唄」を利用するためには、信用スコアが一定以上の数値に達している必要があり、クレジットやローンの限度額もスコアと連動している。先述したように、信用サービスの利用機会を増やし、期日通りに返済すればスコアはアップするため、より有利な金融サービスを受けようと積極的に利用するユーザーが急増。2020年6月末までの1年間で、利用者数は5億人に達し、「花唄」および「借唄」は中国で最も利用されている消費者金融商品となっている。

返済プロセスもスマート化されている。返済日になると、自動的にアリペイ口座の残高から支払われるが、もし残高が返済金額に満たない場合は、アリペイ口座に紐づけられた銀行口座から引き落とされる。それも不足している場合は、余額宝の残高から徴収される仕組みとなっている。デフォルトで設定されている、①アリペイ口座、②銀行口座、③余額宝の順番は、ユーザーの好みに応じて変更することも可能だ。これら3つの口座すべてが不足している場合は、アリペイアプリやテキスト・音声メッセージなどの支払督促通知、AIによる督促電話など、すべてが自動化されている。それでも返済されない場合は、最終的には、第三者のサービスプロバイダーに督促が委託される。

それではローンの返済延滞率はどうか。2020年7月末時点では、30日以上の延滞率が2・97％、90日以上は2・15％となっている。アントによると、これは一般的なクレジットカードの延滞率より低い。背景にあるのが信用スコアの「懲罰」を用いたリスクコントロールだ。ローン延滞は自身の信用記録に悪影響をもたらす。仮に返済が遅れれば、「芝麻信用」のスコアは下がり、ひどい場合にはアントが提供する一部のサービスが利用できなくなる可能性もある。アリペイなどのモバイル決済はすでに社会インフラとなっており、使えなくなると日常生活にまで影響を及ぼすだろう。「芝麻信用」にはローンの返済延滞率を低く抑える効果も期待されているのだ。

中小・零細企業向け小口融資「網商銀行」

アントの企業向け融資のおもな対象は、大企業ではなく、大手銀行が見向きもしない中小・零細企業である。タオバオなどの加盟店やアリペイを利用する実店舗、農村部の零細企業など、幅広い顧客層の資金ニーズに応えている。

中小・零細企業向けサービスにおけるもっとも重要なパートナーが、2015年にアントが発起人として設立したネット銀行「浙江網商銀行 MYbank」だ。アントが株式の30%を保有し、歴代トップはアントのメンバーが務めている。ビジネスに必要なライセンスや許可の多くを網商銀行が保有しており、アントのプラットフォーム上で中小・零細企業に共同でサービスを提供している。

一般的な銀行が貸出を行う際には、過去の貸出履歴や財務諸表などを参考に与信を判断する。一方、アントが与信判断に利用しているのは、自社内に蓄積されたビッグデータだ。例えば、タオバオの加盟店に関しては、業務のすべてがオンライン上で完結するため、経営状況や信用記録など多くのデータが集まる。ＡＩを使ってこれらのデータを分析することで、迅速な融資を実現している。

アントの小口融資の業務モデルは「３１０モデル」と呼ばれる。申請に必要な時間は３分、与信は１秒、審査に関わる人数は０人という意味だ。ローン申請から口座に振込まれるまでの時間は最短３分で、すべてオンラインで完結し、人件費もかかっていないので、融資一件あたりの平均コストを非常に低く抑えることができる。これによって無担保で1元からの少額融資が可能となっている。

このような利便性を背景に利用企業は急拡大し、２０２０年6月末までの1年間で２０００万社を超えた。小口融資の残高２・15兆元（約36・6兆円）のうち、個人向けが１・73兆元（約29・４兆円）、中小・零細企業向けが４２２０億元（約７・17兆円）で、中国最大のオンライン融資プラットフォームとなっている。

(4) 保険（インシュアテック）

中国にも、日本の国民健康保険のような公的医療保険制度は存在する。しかし整備は進められているものの、日本などと比較すると、カバー範囲が限定的で自己負担の割合が高いといった問題がある。実際に、私の同僚が難病を患った際、巨額な手術や入院費用が必要となり、家族や親戚の負担を少しでも和らげようと、みんなで寄付を募ったこともある。また、車社会の到来にともなう損害保険や少子高齢化を背景とした老後の備えとしての養老保険の需要も高まっている。

このような中、中国の社会保障を補う重要な役回りを期待されているのが民間保険だ。近年の経済成長にともなう国民所得の向上を背景に、中国の保険市場は拡大を続けているものの、人口規模が大きく地域や所得の格差もあり、保険が国民に幅広く普及している状態には無い。

今後も引き続き高い需要が見込まれる保険ビジネスには、近年アントも注力してきた。

保険マーケットプレイス「螞蟻保険」

アントは、保険会社と提携し、アリペイ上で生命保険、健康保険、損害保険などさまざまな保険商品を販売している。保険マーケットプレイスの「螞蟻保険」である。

インターネット専門の保険代理店のような性質で、ユーザーはワンストップでさまざまな商品を比較可能なうえ、保険料もモバイル決済でその場で簡単に支払うことができる。また、アリペイユーザーは若年層ということもあり、比較的安価な商品が多いのも特徴的だ。

保険会社にとってメリットも大きい。10億人を超えるユーザーに直接アクセスできるため、営業コストをかけることなく販売チャネルの拡大につながる。また、アントのビッグデータやＡＩ解析技術を用いることで、保険会社は被保険者のリスクを適切に判断することが可能となり、保険金額、料率などを効率よく決定することができ、商品開発コストも下げることができる。アントは、アンダーライティング（引受時の審査）においても、専用ツールを提供し、提携保険会社をサポートしている。保険金支払いについても、アントのテクノロジーを利用して不正な請求を効率的に検出することができるため、人を介した作業も減り経費削減につながる。保険金の支払いもアントが対応してくれる。

プラットフォーム上では、保険会社独自の商品だけではなく、アントが大手保険会社と共同開発した保険商品も販売されている。人気商品をいくつか紹介しておこう。

中国最大の保険会社である中国人民保険と共同開発した「好医保《ハオイーバオ》――長期医療保険」

は、約100種類の重大疾病をカバーしながら、市場の同等の商品よりも安価な保険料となっており、若年層世代が初めて加入する健康保険としてヒットした。また、2020年5月に発売した「好医保——終身がん保険」は、70歳以下を対象にした終身型のがん保険で、年間保険料89元（約1513円）で最高400万元（約6800万円）の保障が受けられる。

「全民保《チュエンミンバオ》」は、最低加入保険料が1元からと安価で、保険期間や保険金額が柔軟に設定できる年金保険商品だ。希望保険期間や保険料を入力すると、受取予定保険金額を自動的に計算してくれるため、ユーザーの意思決定ハードルが下がり、契約件数の増加につながっている。なお、契約者は退職後に、アリペイ上で毎月保険金を受け取る仕組みとなっている。

人間以外にも、動物の鼻紋認識技術を適用した、ユニークなペット専用の医療保険「寵物医療険」もある。個体の認識精度を高めることで、不正行為を防ぐことが可能となった保険商品だ。

ユーザー、保険会社からの高い支持を受け、アントの保険市場は拡大傾向にあり、2020年6月30日現在、約90社の提携保険会社が、2000種を超える保険商品をプラットフォーム上で販売している。

ネット互助「相互宝」

中国では、医療保険制度の整備が遅れており、大病を患った患者が、医療費負担に耐え切れず破産してしまう、もしくは治療を断念するケースが存在する。このニーズをうまくとらえたのが「相互宝《シャンフーバオ》」だ。

２０１８年10月にスタートした「相互宝」は、正確に言うと保険商品ではない。最大の特徴は、加入時の保険料は不要で、病気になった場合に加入者同士がお金を出し合う、後払い型の相互扶助モデルだ。法律的に保険に該当しないため、規制が緩く、「ネット互助」と呼ばれている。

加入条件は比較的低く、手続きも簡単。健康診断などは不要で、いくつかの設問に答えるだけだ。保障としては、99種類の重大疾病や悪性腫瘍、指定難病に対応しており、40歳未満は最大30万元（約５１０万円）、40歳から59歳までの加入者は最大10万元（約１７０万円）の「互助金」が受けられる。

「互助金」の申請もアリペイで行う。診断書など必要書類をスマホで撮影、送信して査定を受ける。請求が承認されると、アリペイを通じて補助金が支払われる。この「互助金」は加入者が均等に分担する仕組みとなっており、拠出金は毎月2回アリペイから自動的に支払われる。なお、２０１９年の一人あたりの年間平均拠出金は29元（約４９３円）だった。

支払い条件を満たしていないと判断された場合、申請者は異議申し立てをすることができる。審議するのは、定期的に実施される試験に合格し、陪審員として登録された専門知識を有するユーザーだ。陪審員は、掲示板上に示された詳細情報について意見を書き込む。最終的に、「申請者支持」、「調査員支持」の投票が行われ、前者が50％を超えたら、決定が覆され、「互助金」が支払われる。

「相互宝」でもアントのテクノロジーが幅広く活用されている。ブロックチェーン技術を使い、拠出金の透明性を担保することで、商品の信用性を高めている。加入条件が比較的緩い一方で、補助金の支払いの際には、ＡＩなどのテクノロジーを活用した厳しい審査が実施されている。

ここで紹介した「好医保」や「全民保」「相互宝」などに代表されるアントの保険商品の最大の特徴が、入門者向けに価格を低く抑えて設計されている点だ。特に「相互宝」は、互助スキームを通じて保険に対するユーザーの関心を高め、より充実した保障を受けられる保険商品の販売へとつなげている。

これまで保険に加入したことの無いユーザーを中心に人気を集め、2020年6月末までの1年間で、5・7億人以上のアリペイユーザーが、プラットフォーム上で保険の購入もしくは「相互宝」に参加した。アントは、保険会社がプラットフォームを通じて得た保険料や「相互宝」の参加者が支払った拠出金の一定割合を、手数料として受け取っている。2020年6月末における保険料・拠出金は520億元（約8840億円）に達している。

営業収益の構成比を見ると、インシュアテックは10％未満と、他のセクターと比較すると依然として小さい。しかし、営業収益も2017年の23・2億元（約394・4億円）から19年には約3・9倍の89・5億元（約1522億円）となり、成長率は最も高くなっている。ただし、拠出金が高額になるにつれ、「相互宝」のユーザーは最近では減少傾向にあり、2020年時点では1億人を超えていたが、21年9月現在では8055万人まで減っている。

2　プラットフォーマー規制強化の真相

アントビジネスの何が問題なのか？

ここまでは上場目論見書を参考にしながら、アントの儲けの方程式を解説してきた。10億人という圧倒的なユーザー数を有する「デジタル決済」事業をベースに、多様なサービスでユーザーの囲い込みを行いながら、融資・投資・保険という三本柱からなる「デジタル金融」事業で稼いでいる姿が明らかとなった。

アントの主要顧客は、従来の金融機関ではカバーできなかった消費者や中小・零細企業。アントが進めてきたのが金融サービスをこの「マイクロ」層にまで広げる金融包摂（インクルーシブ・ファイナンス）であり、一貫して小さな世界に専念してきたことこそがアント成功の要因と言える。

アントが生み出すイノベーションが、中国経済に活力を与えてきたのは間違いない。その点は、中国政府も認めており、これまで過度な規制をかけない開放的な政策を採ることで、イノベーションが生まれやすい環境を整備することに徹してきた。

それでは何が問題となって、何が変わったのか。そのヒントは、ここ数年の稼ぎ頭の変化にある。営業収益の構成比の推移を見ると、２０１７年に収益の54・９％を占めていたデジタル決済は、20年６月には35・９％まで低下している。一方、右肩上がりで上昇し続けてきたのがクレジットテック、つまり融資事業だ。小口融資の残高は17年の６５００億元（約11・１兆円）から20年６月の２・15兆元（約36・６兆円）へと２年半で約３・３倍となった。その結果、20年６月にはクレジットテックの構成比が39・４％に達し、祖業の「決済」を超え最大の稼ぎ頭となっている（図４－５）。

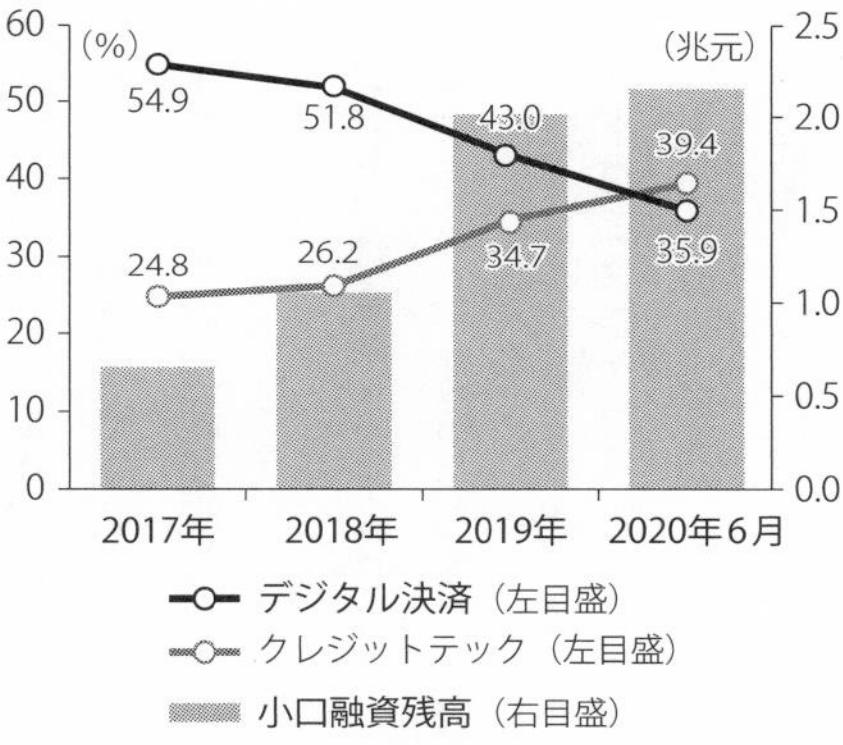

図４-５　営業収益の部門別構成比と小口融資残高の推移
（出所）アント・グループ上場目論見書を基に筆者作成

そこで必要となってくるのが貸出の原資となる資金だ。預金がある銀行と違い、高まるユーザーの資金需要すべてに応える潤沢な資金をアントは有していない。この問題を解決するために利用したのが外部の金融機関だった。つまり、アントは外部資金をうまく利用しながら、ユーザーの資金需要に応え、融資規模を急拡大させてきたのだ。

金融規制当局が問題視したものこそが、このアントの「錬金術」だった。

アントの錬金術①——ABS

まずアントが利用したのが、資産から生み出されるキャッシュフローを裏付けとして発行される証券、いわゆる資産担保証券（ABS：Asset Backed Securities）だった。

具体的にはこうだ。アントはユーザーに販売した「花唄」や「借唄」の貸出債権（お金を返してもらう権利）を証券化、その大部分を銀行やその他の金融機関などに販売する。金融機関は「花唄」や「借唄」の利子収入が得られ、アントは返済期限前の資金回収が可能となる。その資金を原資に、ユーザーに「花唄」や「借唄」を販売し、その債権でさらにABSを発行……。借り手がいる限り、無限に拡大する仕組みだ（図4-6）。

しかも、この手法だと貸借対照表（バランスシート）から資産と負債を分離できるため、高い自己資本比率を維持することができる。このように、アントはバランスシートを拡大させることなく、急速に小口融資の規模を拡大させていった。その結果、201

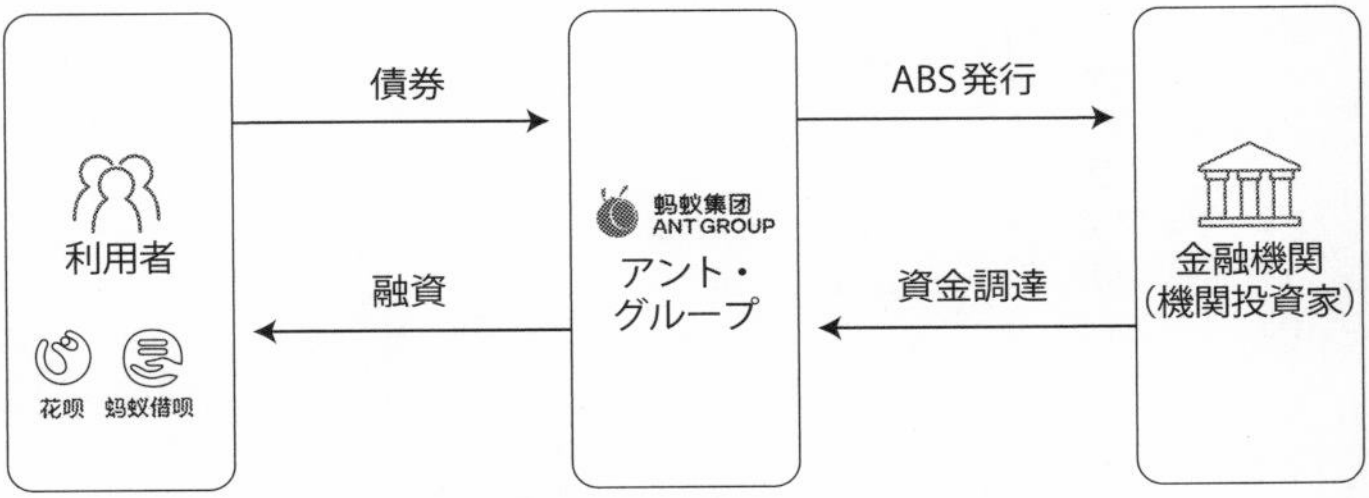

図４-６　ABSを利用した資金調達の仕組み
（出所）アント・グループ上場目論見書を基に筆者作成

７年末におけるABSの残高は３９０８・７億元（約６・65兆円）に達した。

この無限増殖する「錬金術」を問題視した当局が規制に乗り出す。２０１７年12月、「小口現金融資業務の規範・整理に関する通知」が発表され、ABSもバランスシートに記載し、自己資本の比率を一定の基準以上保つよう規制した。また、銀行からの小口融資を裏付けとするABSへの投資を禁じた。さらに、中国メディアによると、翌年１月に、人民銀行幹部がアントを聴取し、ABSの発行に関する指導を行っている。証券取引所も、小口融資を裏付けとするABSの発行を一時停止した。一連の規制強化を受け、アントが発行するABSの残高は２０１８年末に前年比44・１％減となる１７２４億元（約２・93兆円）に低下し、その後は横ばいで推移を続けている（図４-７）。

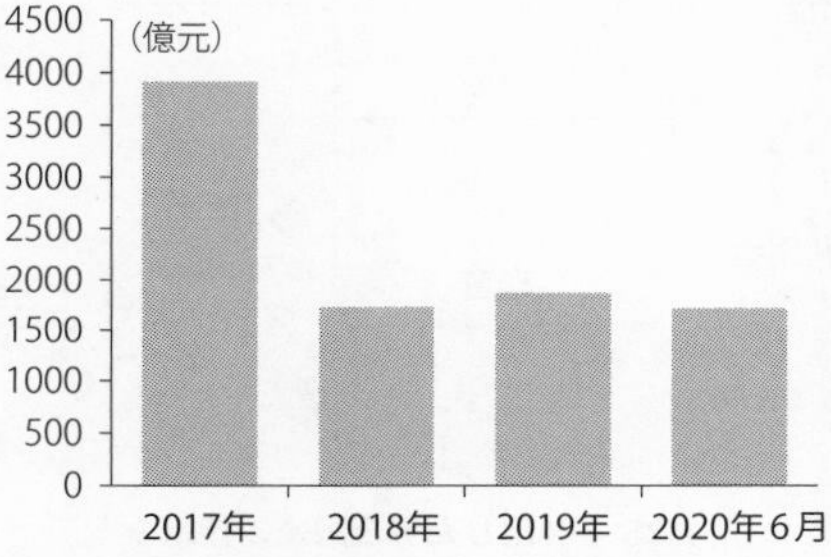

図4-7　アントによるABS発行残高の推移
（出所）アント・グループ上場目論見書を基に筆者作成

ＡＢＳ発行による資金調達が困難となったアントは、次なる規制の「抜け道」を模索、新たな「錬金術」を開発した。

アントの錬金術②――金融機関との連合融資

図４-５を見ると、ＡＢＳ発行の規制が強化されたにもかかわらず２０１８年から19年にかけて小口融資残高は大幅に伸びていることがわかる。

この年に何があったのか。この時期の小口融資残高の要因は、主に消費者向けローンが増加したことによるもので、その主要因として、「資金調達のために銀行やその他の金融機関との提携を拡大」と上場目論見書には記されている。その前の年の分析では無かった表現だ。

ＡＢＳの次にアントが見つけ出した「錬金術」とは、これら金融機関と提携して貸出を行う「連合融資」だった。２０２０年６月30日現在、アントは、中国の政策性銀行、大型国有商業銀行、株式制商業銀行、大手の都市・農村商業銀行、中国で事業展開する外資系銀行、および信託会社を含む多くの金融機関と提携し、共同で小口融資を行っている。

まずは与信枠承認手続きの流れを見てみよう（図4－8）。

①融資の利用者がアントに与信枠を申請する。
②利用者の消費行動、資産状況、取引・信用記録およびリスクレベルなどを、アント独自の信用評価モデルを用いて分析。個人情報をマスキングしたうえで、信用データを提携金融機関に提供する。
③提携金融機関は、アントから得た信用情報に加え、保有するデータを用いて独自の信用評価を行い、アントが提案する与信枠およびその他の与信条件を承認、拒否または修正する。
④アントが利用者の与信枠を承認する。

アントはあくまで利用者を紹介し、その信用データを提供するだけで、最終的な与信判断、リスク判断は提携先の金融機関が責任を負う仕組みとなっている。

この与信枠をベースにローンが支払われる。連合融資の仕組みも説明しておこう（図4-9）。

①利用者が融資の申請を行うと、アントは再び信用評価を行う。
②アントが利用者の融資申請を提携金融機関に提出する。
③利用者に融資を実施。アントも一部資金を拠出しているが、おもな貸し手は金融機関となっている。
④利子収入に基づき、提携金融機関がアントに技術サービス料を支払う。

プラットフォームとのシームレスな統合により、提携金融機関はほぼ即時に融資を提供することが可能だ。

連合融資の何が問題なのか？

利用者は融資を受けることができ、提携先金融機関も自ら営業活動することなく貸出

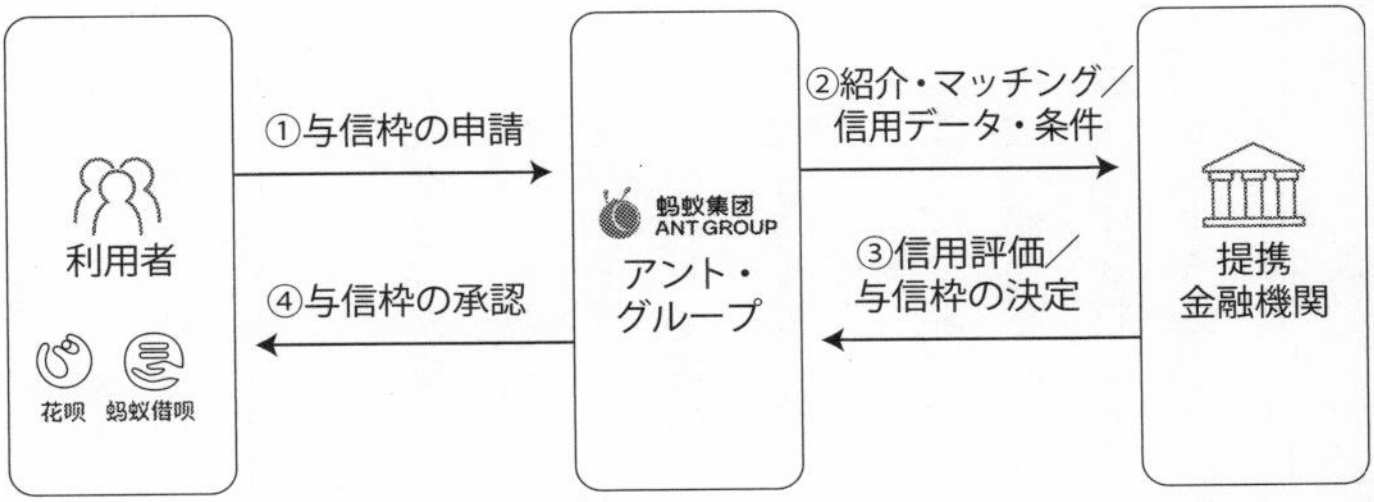

図4-8　与信枠承認手続きの流れ
（出所）アント・グループ上場目論見書を基に筆者作成

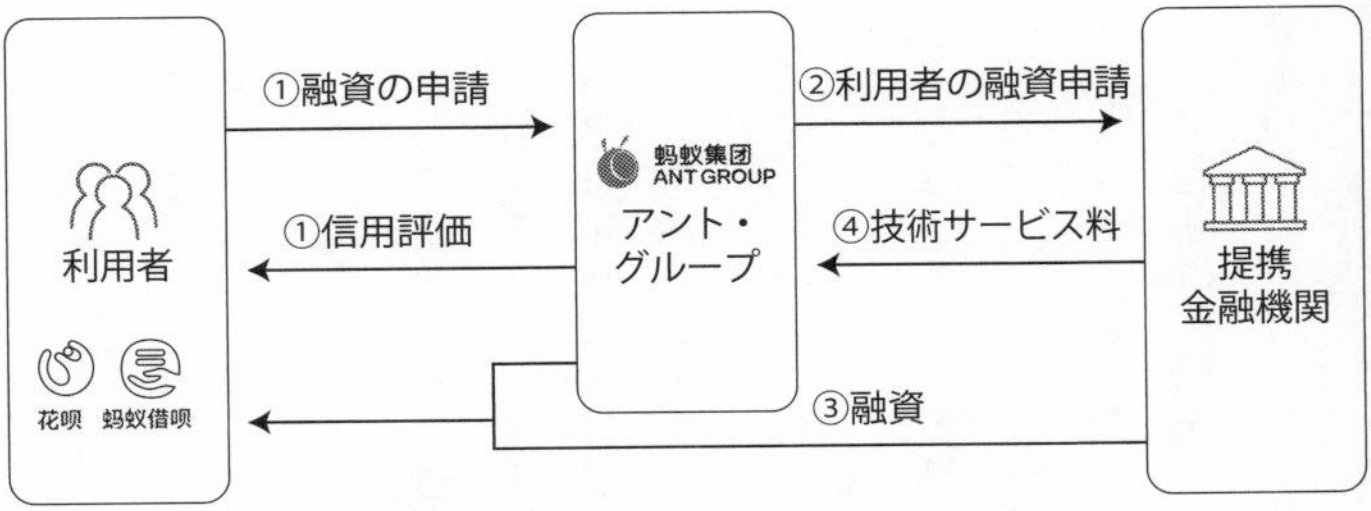

図4-9　連合融資の仕組み
（出所）アント・グループ上場目論見書を基に筆者作成

ができ、アントもビジネスチャンスが広がる。連合融資は一見すると、「三方よし」のビジネスモデルだが、いったい何が問題なのか。

アントの上場目論見書にこう記されている。

我々は、当社のプラットフォームを通じて実施された融資の規模に応じ、提携金融機関から技術サービス料を得ている。我々のアプローチは、自社のバランスシートを利用せず、担保も提供しない。2020年6月30日現在、当社のプラットフォームを通じて実施された融資残高のうち、約98%が提携金融機関による貸出か証券化されている。

つまり、2兆元に上る巨額融資のほとんどは、アントが自己資金を投じることなく、提携金融機関などの外部資金を用いることで信用リスクを外部に転嫁し、自らはリスクを取らず手数料で稼ぐというアプローチをとっているのだ。

先述のように、最終的な与信判断、リスク判断は提携先の金融機関が責任を負う。アントの与信提案に対し、拒否または修正も可能だ。しかし、利用者に対するほぼ即時の

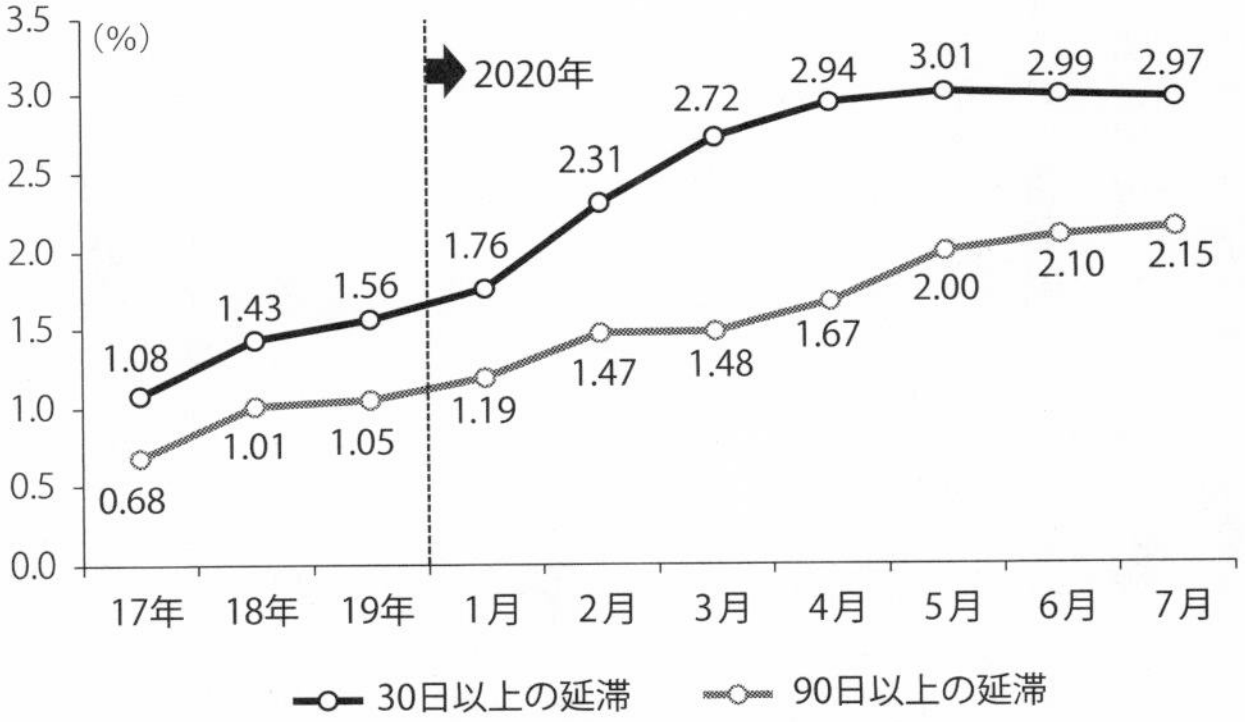

図4-10　個人向け小口融資の返済延滞率の推移
（出所）アント・グループ上場目論見書を基に筆者作成
（注）数値は期末。2020年以降は月次データ

査定と資金提供を実現している現状に鑑みると、金融機関側は、アントの提案をほぼそのまま受け入れている可能性は高い。

さらに近年では、アントのテクノロジーで担保されていたはずの債務履行の確実性にも陰りが見え始めており、貸出規模の拡大にともない小口融資の返済延滞率は徐々に増加傾向にある（図４‐10）。連合融資が始まった２０１８年に延滞率が顕著に上昇していることも興味深い。また、上場目論見書では、新型コロナ禍においても小口融資のパフォーマンスは良好と記されているが、20年以降、返済延滞率は急激に高まり、７月末には19年末比で倍となった。

実際に融資を行い、信用リスクを負うの

は銀行だ。アントの信用情報が金融機関の与信判断を左右するのは事実であり、それに対しアントがリスクを負わないというのは確かに不自然だろう。

また、規制が厳しくなったＡＢＳから比較的規制がゆるい分野に逃避し、新たに連合融資を開発するという手法は「規制アービトラージ」と呼ばれ、世界的にも問題視されている。

アントによる一連の行動を問題視した金融規制当局は、２０２０年以降アントに対する締めつけを一段と強めていく。

小口融資にメス

２０２０年11月3日の上場延期決定以前から、アントのクレジットテック事業を念頭に置いた規制強化はすでに始まっていた。

20年7月に、中国の銀行・保険の監督行政を担う銀行保険監督管理委員会（銀保監会）が「商業銀行によるインターネット融資管理暫定弁法」を公布し、アントなど協力機関と提携したオンライン融資について、商業銀行が遵守しなければならない原則やルールを示した。また、同年8月には中国最高人民法院（最高裁判所）は、法定の民間貸出金利の上限を大幅に引き下げた。

徐々に外堀を埋める形でアントのクレジットテック事業に対する規制が強まっていたが、上場延期が決定される前日の2020年11月2日、「インターネット小口融資業務管理暫定弁法（意見募集稿）」が出され、ついに、アントの小口融資に直接メスが入った。なお、11月2日に起こった二つの出来事がアントの上場延期へとつながるのだが、それは後述する。

ここではアントの業務に直接影響が出そうな内容をいくつか見ておこう。

○エリア制限

融資可能エリアを小口融資業者の法人登録地に限定。省・自治区・直轄市を跨ぐ融資には、銀保監会の許可が必要」となった。グループ内で実際に小口融資を行っているのは「螞蟻商誠小額貸款有限公司」と「螞蟻小微小額貸款有限公司」で、アントが100％出資している。2社ともに重慶市に所在しており、同市以外での業務に関しては、当局の認可が必要となる。

○外部資金調達

「銀行融資や株主融資などによる資金調達の残高上限は純資産の1倍まで。債券やAB

S発行などによる資金調達の残高上限は純資産の4倍まで」と決められた。アントの小口融資会社2社の純資産には限りがあるため、今後、外部資金を使ったレバレッジが効かせられなくなる可能性がある。

○連合融資

「1回の連合融資において、小口融資業者の自己資金の拠出は30％を下回ってはならない」と明記された。アントの連合融資モデルでは自己資金はほとんど投じられておらず、これまでのような大規模融資が難しくなるうえ、自らが抱える信用リスクも高くなる。

○融資限度額

「個人向け融資の残高上限は、一人につき30万元（約510万円）もしくは直近3年間の平均年収の3分の1のどちらか少ないほう。法人・組織向け融資の残高上限は、一社につき100万元（約1700万円）」とされた。アントの主要顧客が若年層であることや中国の平均年収の現状に鑑みると、限度額30万元に達する融資はほとんど無いと考えられる。

この規制強化がネット小口融資業者に与えるインパクトはきわめて甚大である。近年のアントの成長を支えてきたクレジットテック部門の減収は避けられない。

当然、このような影響の大きい規制の策定にはある程度の時間を要するうえ、主要事業者に対して内容を提示し意見を求めるのが一般的である。したがって、業界最大手のアントも事前に通知を受けて、規制内容をジャック・マー氏が知ることとなり、当局批判スピーチにつながったと考えられる。

ジャック・マー氏の問題演説

２０２０年10月24日、ジャック・マー氏がスピーチしたのが「外灘金融サミット2020 BUND SUMMIT」だった。主催者は非営利の金融シンクタンク「中国金融四十人論壇」。民間組織ではあるものの、理事会主席は、中国人民政治協商会議全国委員会（全国政協）の副主席を過去に務めた経験のある陳元《チェンユエン》氏で、政府との関係は深い。また同氏は、中国人民銀行の副行長（副総裁）や国家開発銀行の董事長《とうじちょう》も歴任した、金融業界の大物である。

サミットはあくまで民間主催のイベントであったが、登壇した人物達からもその政治的影響力がうかがえる。オンラインで祝辞を寄せた王岐山《ワンチーシャン》・国家副主席は、中央規律検査委員会のトップとして反腐敗運動を進めたことで有名であるが、その前は商務や金融担当の国務院副総理だ。金融畑が長く、中国金融界のドン的存在と言える。また、2002〜18年の長期にわたって中国人民銀行の行長（総裁）を務めた周小川《ジョウシャオチュアン》氏や易《イー》綱《ガン》・現行長らも講演を行っている。

このような中国の金融関係者が一堂に会する場で、マー氏は何を語ったのか。以下に筆者によるスピーチの要約と解説を掲載する。

①規制強化への牽制《けんせい》

バーゼル合意は老人倶楽部のようなものだ。合意が解決しようとしているのは、数十年も運営されてきた金融システムの老朽化問題。中国の問題はその逆で、金融のシステミックリスクではなく、金融にシステムが欠乏しているというリスクだ。

中国の金融は他の発展途上国と同じく成長段階にあり、成熟したエコシステムをもっていない。中国に必要なのは、システミックリスクへの対処ではなく、健全な金融システムの構築である。

「バーゼル合意」とは、銀行の自己資本比率などに関する国際統一基準を指す。多くの国で導入され、中国でも採用されている銀行規制だ。マー氏は、バーゼル合意のような先進国を中心に作られた既存のリスク管理手法を、フィンテック分野にまで導入すべきではない、ヨーロッパでは統一基準が金融デジタル化などのイノベーションの足枷《あしかせ》となっており、中国では金融エコシステムの発展を優先させるべきだと主張している。

この背景に、先述のインターネット小口融資に対する規制強化があると考えられる。規制内容を知っていたマー氏は、バーゼル合意への批判という形で、目の前に迫っている規制強化に対する牽制を狙ったと見ることもできよう。

②Ｐ２Ｐレンディングとの違い

以前からインターネット金融には三つの核心的要素が必要であると強調してきた。第一に豊富なデータ、第二にビッグデータに基づくリスクコントロール技術、第三にビッグデータに基づく信用システムだ。この基準で判断すると、Ｐ２Ｐレンディングは根本的にインターネット金融では無いことが分かる。Ｐ２Ｐレンディングを理由に、ネット技術による金融イノベーションを否定してはいけない。

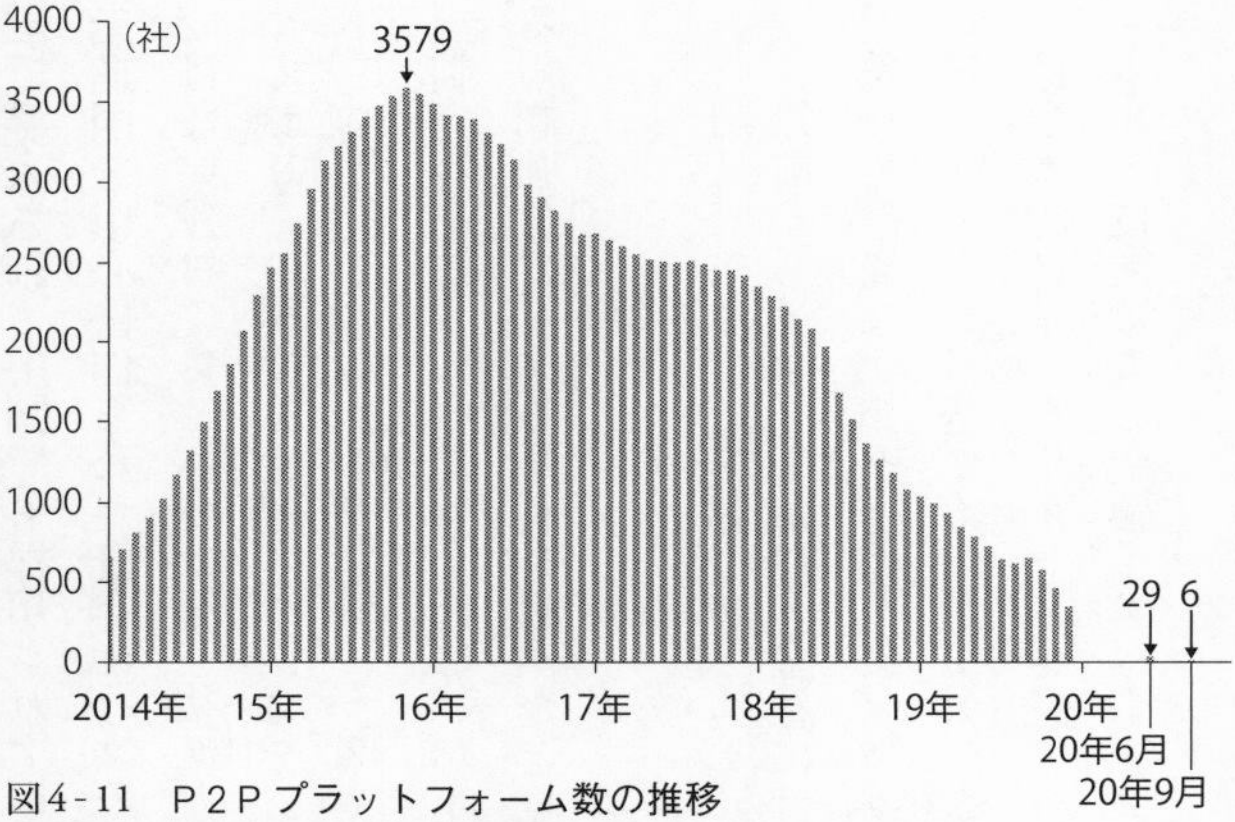

図4-11　Ｐ２Ｐプラットフォーム数の推移

（出所）Wind、各種報道を基に筆者作成
（注）2020年以降は、統計が発表されていないため、銀行保険監督管理委員会の情報による

Ｐ２Ｐレンディングとは、銀行などの金融機関を介さず、比較的小規模の個人・中小企業向け融資をネット経由で行う金融仲介の仕組みだ。２０１４年１月時点で６５７社だったＰ２Ｐプラットフォームは、約2年後の15年11月にピークとなる３５７９社にまで増加した。

その後、プラットフォームの運営者による詐欺事件が社会問題化し、当局が規制対応を始めたことにより、プラットフォーム数は減少に転じた。以降も取り締まりが強化され、多くのプラットフォームが経営難に陥り清算や業態転換を余儀なくされた。その結果、プラットフォーム数は、２０１９年末には３４３社にまで減少。20年に入っても減り続け、6月末には29社、9月末には6社となり、11月中旬に0社となった（図4-11）。

中国では詐欺事件の温床ともなったP2Pのようなインターネット小口融資業務に対する懸念の声が大きい。マー氏のスピーチはまさにこのP2Pが消滅する時期に行われたものであり、アントの小口融資はP2Pレンディングとは根本的に異なるため、規制を強化する必要は無いと訴えているようだ。また、中国金融界には依然インターネット金融は怪しいという考えが根強いため、マー氏自らが率いて育てあげてきたこの業界の汚名を晴らしたかったのかもしれない。

③イノベーションを阻害する当局に対する批判

この世界にリスクのないイノベーションは存在しない。ゼロリスクが最大のリスクだ。イノベーションに対する監督管理は難しいが、「監督」と「管理」は異なる。監督は発展を見守ることで、管理は問題が起こったときに処理することだが、今の我々は管理能力が強く、監督能力が足りない。よいイノベーションは監督管理を恐れないが、過去のやり方で監督管理されることを恐れる。

「政策」は発展を促す仕組み作りだが、現在はあれもこれも許さないという「文書」が多すぎる。必要なのは政策の専門家であり、文書の専門家ではない。

世界的に見ると、監督管理部門の規制によって、自分にはリスクは無くなったが、経済全体が発展しないというリスクが出てきた。これからの競争はイノベーションの争いであり、監督管理能力を競うわけではない。

中国の金融当局は、発展を促す政策作りではなく、規制で縛り上げることしかできないと痛烈に批判。このままでは、イノベーションが生まれなくなり、経済や社会の発展が阻害されると指摘している。

このパートでは、習近平国家主席の言葉を二度引用し、「私の理解では」として自分の解釈を述べている。中国はイノベーション駆動型の発展を推奨しており、習主席の言葉を引用することで、自らの主張を正当化したかったのだろう。

④銀行の金融仲介に対する批判

金融の本質は信用管理であり、金融の質屋的な考え方を改め、信用システムを頼るべきだ。現在の銀行は、いまだに質屋的思想の延長線上にある。つまり、抵当と担保こそが質屋の考え方だ。

抵当に頼ると極端に走ってしまう。中国金融の質屋的な考え方は最も深刻だ。全資産を抵当に入れると、多大なプレッシャーの下で、無謀な借金を繰り返し、負債が膨れ上がってしまう。銀行は良い企業、資金需要の無い企業に融資をしたがる。結果として多くの良い企業が悪い企業になってしまった。これでは今後30年における世界の発展のための資金需要を満たすことは不可能だ。

我々は今日の技術力を用いて、ビッグデータを基礎とした信用システムを構築し、質屋的思想に取って代わらなければならない。

中国の銀行融資は、比較的リスクの小さい国有企業や大手企業に対して、巨額の資金を低金利で貸しつけるスタイルが中心だった。そのため、手間がかかる小口融資には消極的で、資金需要の強い中小・零細企業や個人に資金が回らない課題もあった。

マー氏は、「質屋」を例に出して、担保を取らないとお金を貸せない銀行の与信能力の低さを暗に批判。これからの中国に必要なのは「質屋」ではなく、アントのような、担保に頼らない信用システムをベースに、中小・零細企業や個人など幅広い層の資金需要を満たすフィンテックだと主張している。

マー氏の演説は約20分に及んだ。いつものように、情熱的なスピーチだったが、原稿に目を落としつつ、慎重に言葉を選んでいるのが印象的だった。

演説依頼を受けるかどうか悩んだマー氏が最終的に決断した理由について、「世界が我々に与えてくれた機会は多いが、本当に要となる機会は一、二度に過ぎない。今がまさに正念場」と述べている。アントのビジネスモデルを根本から覆すような規制強化が目の前に迫る中、最後の望みを託して、このスピーチに臨んだのかもしれない。

しかしこのサミットの数日後、フィンテックに対する規制強化は進み、結果としてアントは上場延期を余儀なくされることになる。

アント上場延期の真相

アントの上場延期について、当事者のアント以外に、上場先の上海証券取引所や中国の証券監督行政を担う証券監督管理委員会（証監会）も、それぞれ理由を公表している。

11月3日に上海証券取引所が発表した文書では、アントの幹部が関連規制当局から聴取を受け、フィンテック規制環境の変化を含む重要事項が報告されており、公募・上場の条件や情報開示の要件を満たさなくなる可能性があるため、と説明している。

アントが同日に井賢棟《ジンシェンドン》・執行董事長の名義で公開した文書でも、ほぼ同内容の理由から、中国本土と香港での同時上場を延期するとした。

証監会も同日に記者会見を開き、環境変化はアント・グループの業務構造や収益モデルに重大な影響を与える可能性があり、上場前に起こった重要事項だと説明したうえで、上海証券取引所の法律に基づく決定を支持すると表明した。

ここで言う「環境変化」というのがまさに、上場延期決定前日に発表された「インターネット小口融資業務管理暫定弁法」だ。アントの収益モデルに重大な影響を与えるものであるのは間違いない。

それともう一つ大きな変化がある。フィンテックに対する定義の変化だ。

金融とテクノロジーを融合したフィンテック企業は比較的新しい概念であり、新しいサービスも次々と開発され、事業の領域が複雑で曖昧だ。「フィン」（金融）企業と見るか、「テック」（技術）企業と見るかによって当然規制の在り方は変わってくる。

アントは数年前から自らをフィンテック企業ではなく、「テックフィン企業」を標榜《ひょうぼう》してきた。本質的にはテック企業であり、自社の革新的技術を用いて、金融機関をサポートする存在だという立場を示す意図があったのだろう。また、上場申請直前の2020年6月に、中国語の社名を「螞蟻小微金融服務集団」から「螞蟻集団」へと、金融色を無くした名称へと変更した。これが上場への最終準備だった。

アントが上場を予定していたのは新興企業向け株式市場「科創板《クォーチュアンバン》」。「科創」とは中国語で「科学技術・イノベーション」を指し、その名の通り、多くのテクノロジー企業が上場している。また、スタートアップ向けということで、上場基準も比較的緩やかだ。アントも「テクノロジー企業」として上場しようとしていたし、実際に、証監会からは認可も出ていた。

このフィンテック企業に対する金融規制当局の立場が、アント上場直前に開催された国務院金融安定発展委員会の会議で明確となった。2017年7月に設立された国務院金融安定発展委員会とは、業態ごとの縦割り行政を改善し複数の金融監督部門を連携させ、中国金融全体の安定的発展を図るための意思決定機関だ。習近平国家主席の側近の一人で、経済ブレーンの劉鶴《リュウホー》副首相がトップを務め、人民銀行や銀保監会など、各金融監督部門の幹部たちがメンバーに名を連ねる。

その国務院金融安定発展委員会は2020年10月31日に会議を開催し、「フィンテックと金融イノベーションは急速に発展を遂げており、金融の発展、安定、安全のバランスを図る必要がある」としたうえで、「イノベーションを奨励し、企業家精神を発揚させると同時に、監督管理を強化し、法に基づき金融活動を全面的に監督管理に組み込み、効果的にリスクを防止しなければならない」と表明した。つまり、フィンテック企業を「フィン」企業と位置づけ、金融規制の対象としたのである。

上場延期の理由の一つとなっている、アントの経営権を実質的に握るジャック・マー氏や、井賢棟董事長などの幹部が聴取を受けたのは延期決定前日の11月2日。人民銀行と銀保監会、証監会、外貨管理局という中国金融監督行政を担う4部門が共同で行っている。ここからも、アントの問題は証監会が担う一企業の上場という問題を超え、金融全体の問題へと発展したことがうかがえる。

つまり、アントは証監会から承認を受け「テクノロジー企業」として「科創板」に上場しようとしていたが、土壇場で「金融企業」と見なされ、公募・上場の条件や情報開示の要件を満たさなくなる可能性が出てきたため、急遽上場延期となったと解釈することができよう。

上場わずか2日前の突然の延期は、結果としてすでに払い込みも終えた国内外の投資家に多大な影響をもたらした。また、当局による規制違反に関する具体的な説明が乏しく、政策の予見性や行政の透明性という点では課題が残る。

しかし一方で、テック企業を標榜しているにもかかわらず、ABSや連合融資などの手法を用いて実質的に金融業に従事しながらも、金融規制を逃れ続けてきたことも事実だ。

アントが自己資金を投じることなくリスクを外部に転嫁しながら業務を拡大してきた結果、アント経由のリスクが銀行などの金融機関に蓄積されてきており、当局も看過できない規模まで達してきている。その意味において、インターネット金融に対する規制強化には一定の必要性があり、方向性としては適切だと言える。

もし上場後に一連の規制強化策が出されていたら、アントの業績への悪影響から、株価は暴落していただろう。上場すると投資家もステークホルダーとなるので、規制によって一般株主にまで経済的損失を与えてしまうと、その批判の矛先が当局に向きかねない。当局としてはギリギリの判断だったのかもしれない。

なお、2021年4月に新たな規定が設けられ、フィンテック企業による「科創板」上場に制限が課されることとなった。アントを含む中国のフィンテック企業は今後、金融企業としての条件を満たした上で、「科創板」以外の株式市場で上場を目指すことになるだろう。

3　今後の展望と課題

アント上場資金の使い道

アントが今回の上場で調達を予定していた370億ドル（約4・07兆円）もの巨額資金は、さまざまな分野への投資を通じて、今後のさらなる成長へとつなげていく計画だった。アントはどのような分野に資金を投下し、自社の成長へとつなげていこうとしていたのか。その戦略の一部が上場目論見書にも記されている。

その一つが、イノベーションおよび研究開発能力の強化である。アントは、イノベーションをDNAとする企業であり、研究開発はイノベーションの源泉だ。2019年には、営業収益の8・9％となる106・1億元（約1804億円）もの資金を研究開発費に投じている。また、従業員の63・9％が主に技術関連の業務に従事しており、その多くが同社のイノベーションや研究開発の取り組みに貢献しているという。

上場で調達した資金を投じてこのアントの強みであるイノベーション力をさらに高め、新たな柱となる事業を育てる計画だった。それが本章の冒頭でも説明した「イノベーション事業」部門だ。近年開発に注力していたのがブロックチェーン技術を活用したデジタルインフラで、多様なアプリケーションをサポートするオープンプラットフォーム「BaaS：Blockchain-as-a-Service」やブロックチェーン技術を活用したクロスボーダー送金サービス「アント・チェーン AntChain」といったサービスを提供している。

これらの事業は緒に就いたばかりで、アント全体の収益に占める「イノベーション事業」部門の構成比は1％にも満たない。今後の発展のためには、さらなる投資が必要だろう。

アントのもう一つの計画が国際市場の開拓だ。国内における規制が厳しくなり、市場が飽和へと向かう一方で、世界に目を向けると広大な未開拓市場が広がっている。

アントは現在、銀行やクレジット業者など国際的パートナーと提携して、中国国内だけでなく、世界中の加盟店や消費者が決済や送金を行えるようにしている。例えば、アリペイユーザーは２００以上の国・地域の商品やサービスをオンラインで購入できるし、現地で直接支払いすることも可能だ。また、これらのクロスボーダー決済ノウハウを海外企業にも提供している。

アントは近年、海外でのサービス提供範囲を徐々に拡大してきたが、国内と比べるとその比率はきわめて小さい。２０２０年6月末までの1年間において、海外におけるアント・プラットフォーム上での決済金額は６２２０億元（約10・6兆円）で、これは国内決済金額のわずか０・53％に過ぎない。まだまだ成長の余地は大きい。

それではアントはどのような戦略でグローバル化を進めていけばよいのだろうか。アントの強みが活かせるのが新興国市場だろう。データ・セキュリティの問題を背景に、先進国市場への進出は厳しい現実に直面している。アントは米国の国際送金大手マネーグラム・インターナショナルの買収協議を進めてきたが、安全保障上の問題を理由に対米外国投資委員会（ＣＦＩＵＳ）からの承認が得られず、２０１８年に計画の断念を表明している。国家の安全保障に関わりかねない大量のデータが中国企業に集中することは、米国にとって受け入れられるはずもない。また、金融が比較的進んでいる先進国ではすでに金融インフラがある程度整っており、アントの参入余地は限定的であろう。

一方で、新興国市場には、クレジットカードどころか、銀行口座すら有していない人がまだ多くいる。金融インフラが十分に整っていないこれらの市場においては、アントが経験した中国国内でのノウハウが十分に活かせるはずだ。

実際に、アジアの新興国市場を中心に現地向けの決済サービスを展開し始めている。2015年にインドで、オンライン決済サービス「Paytm」を展開する「One97」という企業に出資した。16年にはタイでデジタル決済事業を運営する「Ascend Money」という企業と戦略的パートナーシップを結び出資も行っている。そのほかにもインドネシアやフィリピンなどへと次々と進出している。

決済だけではない。ミャンマーで「Wave Money」を手掛けるヨマ・グループは「信用スコア」を使った融資を始めるが、ノウハウを提供し出資を行うのがアントだ。これまで融資を受けられなかった人々が恩恵を受けるようになるだろう。これまでの「先進国モデル」では解決できなかった新興国の金融問題を、アントが築き上げた「中国モデル」によって解決しようとしているのだ。

以上の例からわかるように、今後のアントのグローバル化戦略は、金融の発展が遅れており規制が比較的少ない新興国市場を対象にした、「ノウハウの輸出＋戦略投資」という提携モデルが中心になるであろう。世界を見渡すと、発展から取り残された金融後進国が数多く存在する。将来的には、「中国モデル」がこれらの国々へと広がり、先進国とは異なる新しい金融システムが形成される可能性も否定できない。

ここで示した新たな事業の柱の育成には巨額の資金が必要となる。延期されたアントの上場は早期に実現可能なのだろうか。

アントの上場に向けて

人民銀行と銀保監会、証監会、外貨管理局の4部門は、２０２０年12月26日と21年4月12日にアントに対し聴取を行い、その内容は、中国人民銀行・潘功勝《パンゴンション》副行長が直後に行った記者会見で明らかにしている。潘氏は、外貨管理局のトップも兼務し、国務院金融安定発展委員会のメンバーにも名を連ねる、アント規制の急先鋒だ。

20年12月の聴取では、遵法意識が低く、監督当局の要求を軽視し、違法な規制アービトラージが存在していたと、ＡＢＳや連合融資などを用いた規制逃れを痛烈に批判した。また、コーポレートガバナンスの不備や独占的な立場を利用した競合他社の排除、消費者の合法的権益の侵害など、アントに存在する問題点も指摘している。
これを踏まえ、アントに5つの要求を突きつけた。

①祖業である決済事業への回帰や不正競争の禁止。
②個人信用調査業務の健全的経営、個人データの保護。
③金融持ち株会社の設立、十分な自己資本の確保。
④コーポレートガバナンスの整備、規定違反の融資・保険・理財などの金融活動の是正。
⑤証券ファンド業務の健全化、規制に準じた資産証券化業務の実施。

つまり、アントの決済以外の事業の問題が大きいため、近年急速に成長している「デジタル金融」関連事業を是正し、本業である決済事業に立ち返れと強く求めている。

これ以降、アントは専門チームを立ち上げ、金融当局の監督下で再編計画案を作成、その内容が21年4月の聴取後の会見で明らかとなった。再編計画案では、上述の要求に応える形で、以下の5つの方向性が示された。

①決済業務の不正競争を正し、消費者に決済方法の選択権を与える。アリペイと「花唄」および「借唄」の不適切な接続を断ち切り、支払い時の信用貸付業務を是正する。
②情報独占の状態を正し、合法的に個人信用調査業務を行う。
③アント・グループ内のすべての金融事業を再編し金融持ち株会社に移行する。
④コーポレートガバナンスを整備し、規定違反の融資・保険・理財などの金融活動を是正する。
⑤余額宝の残高を減らすなど、重要ファンドの流動性リスクを管理する。

つまり、アントが選んだのは、金融ビジネスからの撤退ではなく、当局から指摘されていた問題を解決し、グループを金融持ち株会社へと改組することで、規制を受けながら金融事業を継続していくという道だった。技術的な問題の是正に加え、金融持ち株会社への移行やこれまで外部に依存してきた金融事業のライセンス取得にはもうしばらく時間を要するだろう。また、規制当局から厳しい監督管理を受けることで、これまでのような巨額の利益を得るのが難しくなるだろう。今後アントが上場を果たしたとしても、企業価値に対する市場での評価は以前のように高くないかもしれない。

アントにとって悲願の上場は、長く険しい道となりそうだ。

フィンテック規制が中国経済へ及ぼす影響

アントなどのフィンテック企業が、中国における金融サービスの効率性を高め、零細企業や低所得層の金融包摂を高めてきたのは紛れもない事実である。また、銀行などの金融機関は、デジタルプラットフォームを利用することで、ユーザーとの接触機会を増やし、自社のビジネス拡大へとつなげてきた。

今後、フィンテック規制の強化は中国経済にどのような影響を与えるのだろうか。

まず懸念されるのが、銀行からの融資が中小・零細企業に届かなくなり、旺盛な資金需要に応えられなくなることだろう。中国では国有商業銀行が圧倒的な地位を築いている。「国有銀行は絶対に倒産しない」という不倒神話を背景に巨額の預金が集まり、それを信用リスクが比較的低い大企業向けに、低金利でも多く貸しつけることで収益を上げてきた。一方、信用調査に手間も時間もかかるうえ、融資規模も小さい中小・零細企業向け融資は敬遠されがちだった。この問題を解決してきたのが、アントのクレジットテックだったが、ここに規制のメスが入った。いくら成長が見込まれようとも、資金が調達できなければ事業の拡大は難しい。中小・零細企業の資金不足は、中国経済の活力を削ぎかねない。

一方で中国政府は、大型国有商業銀行を中心に中小・零細企業向け融資の規模を拡大させるなど、半ば強引な形で資金調達が困難な企業を支援する政策を進めている。２０２０年は新型コロナの影響もあり、中小・零細企業の融資に対し元利払い猶予政策を行ったうえ、大型商業銀行による零細企業向けの融資は前年比で50％以上増えた。

中長期的にも、中小・零細企業向け融資の支援をさらに強化していく計画が示されているが、実際に融資を行うのは政府から要請を受けた商業銀行だ。これまでは、アントの与信システムによって延滞率は比較的低く抑えられていたが、連合融資の規模が抑制される中で、銀行自らの与信能力が問われることとなる。与信能力に問題のある銀行が無理やり中小・零細企業向け融資を増やすと、将来的に不良債権問題へと発展することも懸念される。

さらに、２０２１年に入って矢継ぎ早に出された商業銀行に対する通知も、プラットフォーマーと銀行の関係を弱める内容となっており、銀行のビジネスに大きな影響を及ぼしそうだ。

銀保監会、人民銀行が21年1月13日に公布した「商業銀行によるインターネット個人預金業務の規範化に関する関連事項の通知」では、商業銀行が自社運営以外のインターネットプラットフォームを利用した預金商品の販売、宣伝、関連サイトへの誘導等の業務を行うことが禁止された。商業銀行は、これまでアリペイなどのプラットフォームを介して高利回りの預金商品の販売・販促を行ってきたが、これが当該通知により禁止され大きな販促ルートを失った。

翌2月19日には「商業銀行によるインターネット融資業務のさらなる規範化に関する通知」が出され、プラットフォーマーとの連合融資や地域を跨ぐ業務展開などについての具体的ルールが定められた。例えば、商業銀行が提携機関（プラットフォーマー）と共同でインターネット融資を行う場合、融資一件あたりの提携機関の融資に占める割合は30％を上回ること、すべての提携機関とのインターネット融資の総残高は銀行全体の融資残高の50％を超えないこと、など定量的な指標が明記された。

これまで互いに利用し合ってきたプラットフォーマーと商業銀行だが、規制の強化により関係の見直しを迫られている。

アントのクレジットテックの肝である信用スコアに対する規制も導入予定となっている。2021年1月11日、人民銀行は、信用調査機関が個人・企業の信用情報の取得、加工、保存、利用、管理等を行う際の責務、および情報提供者の権利等について定めた「信用調査業務管理弁法（意見募集稿）」を公表した。具体的には、信用調査機関が信用スコアリングなどのサービスを提供する場合、評価基準を明確にし、情報提供者の信用と無関係の要素を基準とすることを禁じた。また、評価方法や計算モデルなどの公開も求めている。

アントは、自社サービスの利用にポイントをつけるなどの「芝麻信用」を利用したユーザーの囲い込みを図っているが、今後これができなくなる可能性がある。また、スコアリングの方法や計算モデルは公開されておらずブラックボックスだ。アントのノウハウが詰まった信用スコアへの規制強化は、クレジットテック事業を土台から揺るがしかねない。

規制強化はアント以外のフィンテック企業にまで及び始めている。2021年4月29日、人民銀行と銀保監会、証監会、外貨管理局の4部門は、アントを含まないフィンテック企業13社を呼び出し、是正指導を行った。金融規制当局はこれまで、アントを中心に直接指導を行ってきたが、それ以外のプラットフォーマーにも対象を広げ、業界全体に対する規制強化が本格的に始まった。アント以外のフィンテック企業に関しても、金融持ち株会社へと改組し金融当局の管理監督を受けることとなる。成長速度鈍化は避けられそうにない。

アントを中心とした新経済のプラットフォーマーたちが生み出すイノベーションが、多くの社会問題を解決し、経済成長の大きな原動力となっているのは疑う余地もない。中国政府も、プラットフォーム企業によるイノベーションを支援し、国際競争力強化に向けた取り組みを継続すると表明しており、規制の行き過ぎには配慮すると思われる。

金融にテクノロジーを掛け合わせ新たなサービスを生み出すことで急成長を遂げてきた新経済プラットフォーマー。今後どのような分野で新たな成長モデルを模索していくのかが大きな課題となっている。

第5章

中国経済は
なぜ新型コロナ禍でも成長できたのか

コロナ前の経済状況

中国経済は、高速成長期を終えて中高速成長期という新たな段階に突入した。中国政府は、この経済状態を「新常態（ニューノーマル）」と表現し、経済発展モデルを大きく転換しようとしてきた。

そこへ2020年、「新常態」への適応が順調に進んでいた中国経済を襲ったのが新型コロナウイルスである。急激に落ち込む経済を下支えするために、中国政府が採った経済政策により、投資主導から消費主導へと転換しつつあった経済成長モデルは、急激に逆回転を始める。

本章では、新型コロナ禍の下でどのような緊急的経済政策を実施し、プラスの経済成長を達成したのかを見ていく。なお、中長期的な取り組みである「イノベーション駆動型への転換」に関しては、次章で詳しく説明する。

具体的に見ていくとしよう。2014年11月に北京で開催されたアジア太平洋経済協力（APEC）会議でのことである。参加国の経済界トップが集まるCEOサミットの開幕式に出席した習近平国家主席は、講演で「新常態」の特徴について以下の3点に言及している。

①高速成長から中高速成長への転換
②経済構造の最適化と高度化：「第三次産業、消費需要が徐々に主体となり、都市と農村の格差が縮小し、労働分配率が上昇し、発展の成果が大衆に広く普及する」
③イノベーション駆動型への転換：「生産要素、投資が駆動する経済から、イノベーションが駆動する経済へ転換する」

2011年以降、中国経済の「高速成長から中高速成長への転換」は顕著に表れている。実質経済成長率は、1981〜2010年の30年間は平均10・1%と二桁成長を達成したのに対し、第12次（11〜15年）、第13次（16〜20年）五ヵ年計画期間ではそれぞれ、7・9%、5・8%と徐々に低下傾向にある（図5-1）。今後も2010年以前のような高速成長は望めないだろう。

2017年10月に開催された中国共産党第19回党大会の開幕演説で、習近平総書記は

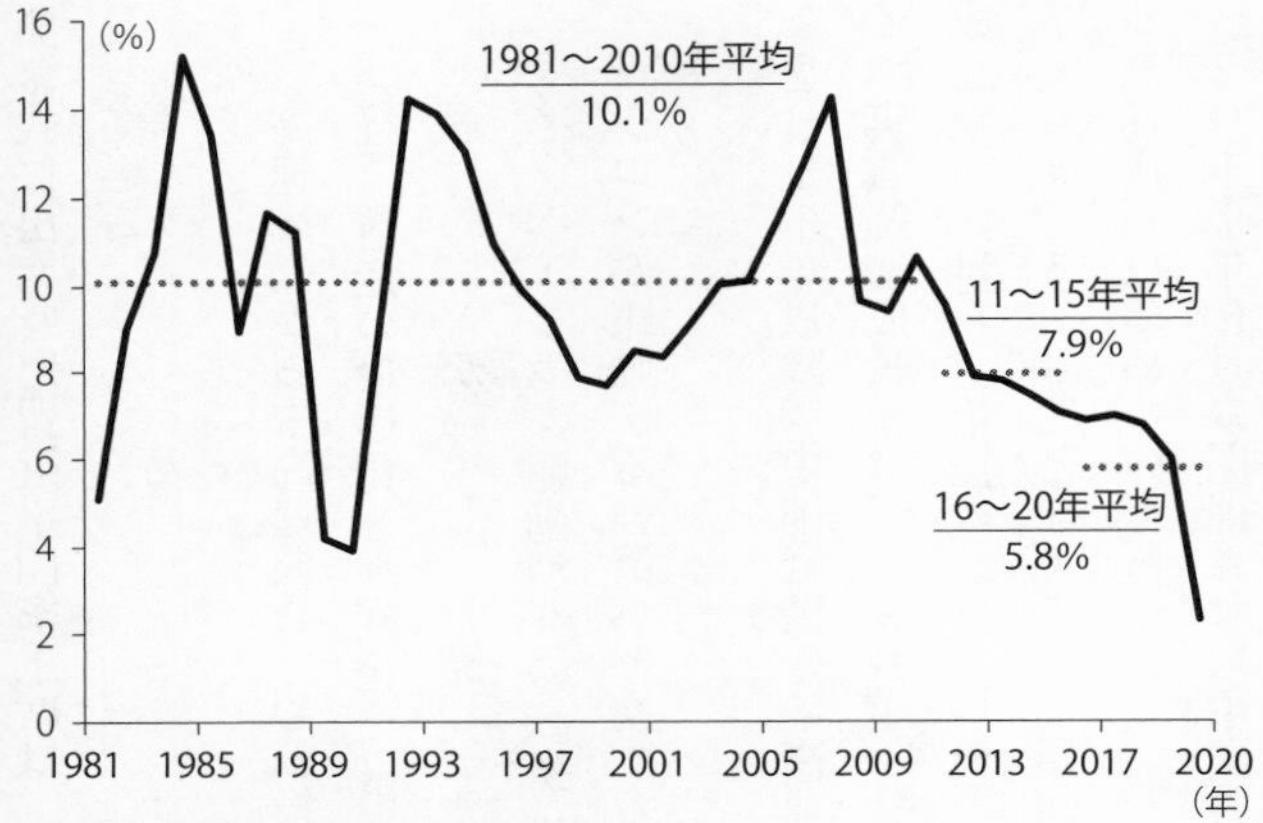

図5-1　中国の実質経済成長率
(出所) 国家統計局の資料を基に筆者作成

「我が国の経済は、すでに高速成長の段階から質の高い発展を目指す段階へと切り替わっており、発展モデルの転換、経済構造の最適化、成長原動力の転換といった難題に取り組む時期にある」と述べている。つまり、中国が目指す「質の高い発展」に必要なのが、「経済構造の最適化と高度化」と「イノベーション駆動型への転換」なのである。

まずは「経済構造の最適化と高度化」について見てみよう。経済構造は、第三次産業、消費需要が徐々に主体となりつつある。改革開放以降の高度経済成長によって購買力のある中間層が拡大したのにともない、耐久財の普及やサービス支出が加速しており、中国経済は従来の製造業・投資主導からサービス業・消費主導の成長モデルへと転換している過渡期にある。

国家統計局のデータを見てみよう。名目国内総生産（GDP）の産業別構成比は、改革開放直後の1980年では、第三次産業の比率は22・3％と、第二次産業（48・1％）どころか第一次産業（29・6％）よりも低い状況であった。その後、第三次産業比率は順調に伸び、1985年には第一次産業を、2011年にはそれまで中国経済を支えてきた第二次産業を超えた。その後、15年に初めて50％を超え、コロナ前の19年には54・3％まで高まった。一方で、「製造強国」を政策に掲げている中国は、『第14次五ヵ年計画』（21〜25年）でも「製造業比率の基本的な安定を維持し、製造業の競争力を高め、製造業の質の高い発展を促進する」としており、製造業の比率をむやみに下げようとしているわけではないという点には留意が必要である。

中国の消費は2008年の世界金融危機以降もたえず増加してきた。07年には9・1兆元（約154・7兆円）だった社会消費品小売総額は、19年には約4・5倍となる41・2兆元（約700・4兆円）に達した。この期間の社会消費品小売総額の伸び率は名目経済成長率の伸び率を大きく上回っており、名目GDPに占める消費の割合は、07

年の33・6%から19年には41・4%まで高まった。

コロナ前の中国経済はいかに消費主導へと転換しつつあったかがわかる。そこに新型コロナ禍という未曽有の事態の下で投資主導に戻ったことは、経済のダメージを最小限に抑えるためのやむを得ない選択であったのだろう。

リーマン・ショックvsコロナ・ショック

世界規模での急激な景気悪化といえば、米大手証券リーマン・ブラザーズの経営破綻を発端に深刻化した世界金融危機、いわゆるリーマン・ショックが思い出される。

リーマン・ショックについて簡単に振り返ってみよう。2008年9月15日、リーマン・ブラザーズが経営破綻し世界中の金融市場に大激震が走った。その直後、このアメリカ発の世界金融危機に対応すべく、米国政府は最大で7000億ドルに上る公的資金を投入し、金融機関の不良債権を買い取ることを柱とした「2008年緊急経済安定化法 Emergency Economic Stabilization Act of 2008」を打ち出した。しかし同月29日、アメリカ議会の下院で予想外の否決となり、米国株式市場に再び衝撃が走り、ダウ平均株価は終値で2001年9月17日(9・11同時多発テロ後最初の営業日)に記録した68

4・81ポイント安を上回る、過去最大の下げ幅777・68ポイント安を記録した。修正を加えた同法案は、翌月3日に賛成多数で成立したものの、いったん巻き起こった破壊の波を防ぐことはできず、米国発のショックは巨大なうねりとなり世界中の金融市場を包みこんだ。

マーケットは大混乱に陥り、世界中の投資家がパニック状態となった。投資家の心理状態を測る指数としてよく用いられるのがシカゴ・オプション取引所のボラティリティ・インデックス（VIX）だ。俗称「恐怖指数」と呼ばれるこのVIX指数は、数値が高いほど投資家が将来の値動きに不透明感を持っているとされ、通常10～20程度で推移している。

株価が比較的安定していた2004年1月から07年12月の平均値は14・7であったのに対し、リーマン・ブラザーズが破綻した当日の9月15日に30を超え31・7を記録した。一般的に、VIX指数が30を超えると投資家がパニック状況にあると言われている。「2008年緊急経済安定化法」が否決された9月29日には一気に46・7に達したVIX指数は、10月6日に1990年以降初となる50を超え、3日後の10月9日には60を、10月17日には70を、そして10月27日には80・1を記録。投資家の恐怖心理は極限に達した。

金融市場の大混乱は実体経済にも波及し、先進国、新興国を問わず、世界各国の経済成長が大幅に低下するなど、世界同時不況という深刻な事態に陥った。ノーベル経済学賞を受賞したポール・クルーグマン氏は、このときの生産、金融および消費の世界的緊縮状態を指して「第二次世界恐慌の始まり The bigining of a second Great Depression」と指摘した。

深刻化する危機への対応を協議するため、2008年11月に米国ワシントンD.C.で第1回20ヵ国・地域首脳会合（G20サミット）が開催された。これに合わせて中国が公表したのが4兆元（当時の為替レートで約57兆円）規模の大型景気刺激策である。先進諸国をはじめ多くの国の景気対策規模はGDP比の1～2%程度に過ぎなかったのに対し、この内需拡大策の規模は中国のGDP（2008年）の約13%、固定資産投資額の約3分の1にも達する巨大なもので、各国首脳は、中国の大胆な行動に賞賛をおくった。

事実、先進諸国がマイナス成長で低迷を続ける中、この景気対策によって中国経済のV字回復を実現し、世界経済の回復に大きな貢献を果たしたといえる。連動するように、2008年以降中国の経済規模は急速に米国に近づいていった。国際通貨基金（IM

Ｆ）の統計によると、中国名目ＧＤＰ（ドル建て）の米国名目ＧＤＰに対する比率は、07年では24・６％だったのに対し、20年には70・３％にまで高まっている。リーマン・ショックを機に国際経済における中国のプレゼンスは飛躍的に高まった。

リーマン・ショック下で、経済のＶ字回復を実現したエンジンは何だったのか、もう少し具体的に見てみよう。国家統計局は、支出面から見た実質経済成長率について、「消費」「資本形成（投資）」「輸出入」の寄与度を公表している。ただし、このデータを見るときには注意が必要だ。この「消費」には「個人消費」と公共サービス提供などの「政府消費」の両方が含まれており、これだけで「個人消費」の動向を判断することはできない。実質ベースではないものの、「個人消費」と「政府消費」の名目金額が公開されているのでそれを基に両者の比率を推計すると、２０００～19年の平均値で個人消費が71・２％、政府消費が28・８％であった。また、この比率は年によってのばらつきもほとんどない。つまり、「消費」の寄与度の約７割が個人消費によるものだと推測される。

２００８年と09年における中国の実質経済成長率はそれぞれ、９・７％増と９・４％増とほぼ同程度であったが、その内訳を見ると「輸出入」と「資本形成」の寄与度に顕著な変化が現れた（図5-2）。08年にはわずかながらも経済成長に貢献した「輸出入」は、09年には世界的な景気低迷で外需が著しく低下し、大幅マイナスとなってしまった。一方で、「資本形成」の経済成長への寄与の割合は、08年の53・2%から09年には過去最高となる86・5%まで高まった。リーマン・ショック直後に投じられた4兆元の大半がインフラ投資に使われ、中国経済のV字回復を牽引したのである。

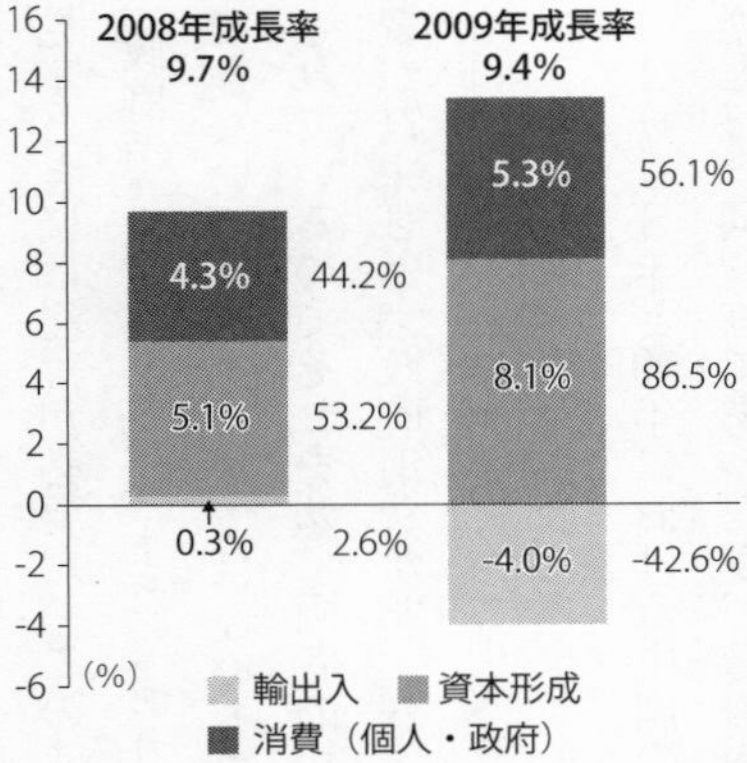

図5-2　リーマン・ショック時における実質経済成長率の寄与度の変化
（出所）国家統計局の資料を基に筆者作成

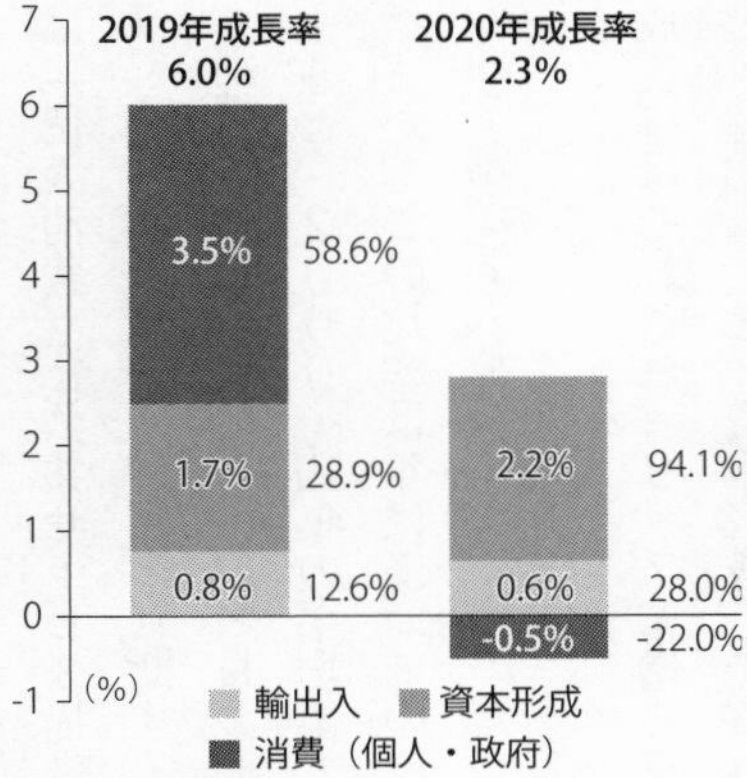

図5-3　コロナ・ショック時における実質経済成長率の寄与度の変化
（出所）国家統計局の資料を基に筆者作成

これからもわかるように、危機で経済成長エンジンに不具合が生じたとき、中国政府が点火したエンジンが「投資」だった。

今回のコロナ・ショックではどうか。２０２０年における中国の実質経済成長率は２・３％と、新型コロナウイルスの感染拡大で世界経済が大きな打撃を受ける中、主要国の中では、唯一プラス成長を維持した。国家統計局が公表した実質経済成長率への寄与度を見ると、19年では約６割を占めていた「消費」がマイナスとなる中、20年の２・３％の経済成長のうち、実に２・２％（94・１％）が「資本形成」によるものだった（図５-３）。つまり、今回においてもリーマン・ショックと同じように、これまで進めてきた経済モデルの転換をいったん棚上げし、「投資」エンジンに再点火することで経済成長を実現したのである。

ここからは、新型コロナウイルス感染症が拡大した２０２０年における「個人消費」「輸出入」「投資」の変化を見ていく。

個人消費――リアルからネットへの転換

これまで見てきたように、新型コロナウイルスの感染拡大により、ロックダウンなどの厳しい感染症対策が施され、消費喚起につながるさまざまなイベントもすべて中止となった結果、個人消費は大きく落ち込んだ。国家統計局のデータによると、2019年には初めて40兆元を超え、41・2兆元（約700・4兆円）に達していた社会消費品小売総額は、20年には4・8％減となる39・2兆元（約666・4兆円）であった。改革開放以来、右肩上がりで伸び続けてきた個人消費は、新型コロナ禍の影響を受け初のマイナス成長となった。

月ごとの社会消費品小売総額の伸び率を、リーマン・ショックとコロナ・ショックで比較してみよう（図5-4）。なお、中国では毎年春節（旧正月）の時期がずれるため、主要統計においては1月と2月のデータを合わせて発表するようになっている。リーマン・ショックで消費が最も落ち込んだのが2009年2月で、前年同月比11・6％増、対12月比で7・4％伸びが減少した。

一方、コロナ・ショックが発生した2020年2月においては、前年同月比20・5％減、対12月比で28・5％伸びが減少している。リーマン・ショックのときとは比較にならないほどの衝撃的な落ち込みとなった。2月をボトムに右肩上がりで回復し、新型コロナがほぼ収束した8月以降はようやくプラスに転じている。一部の地域では政府主導

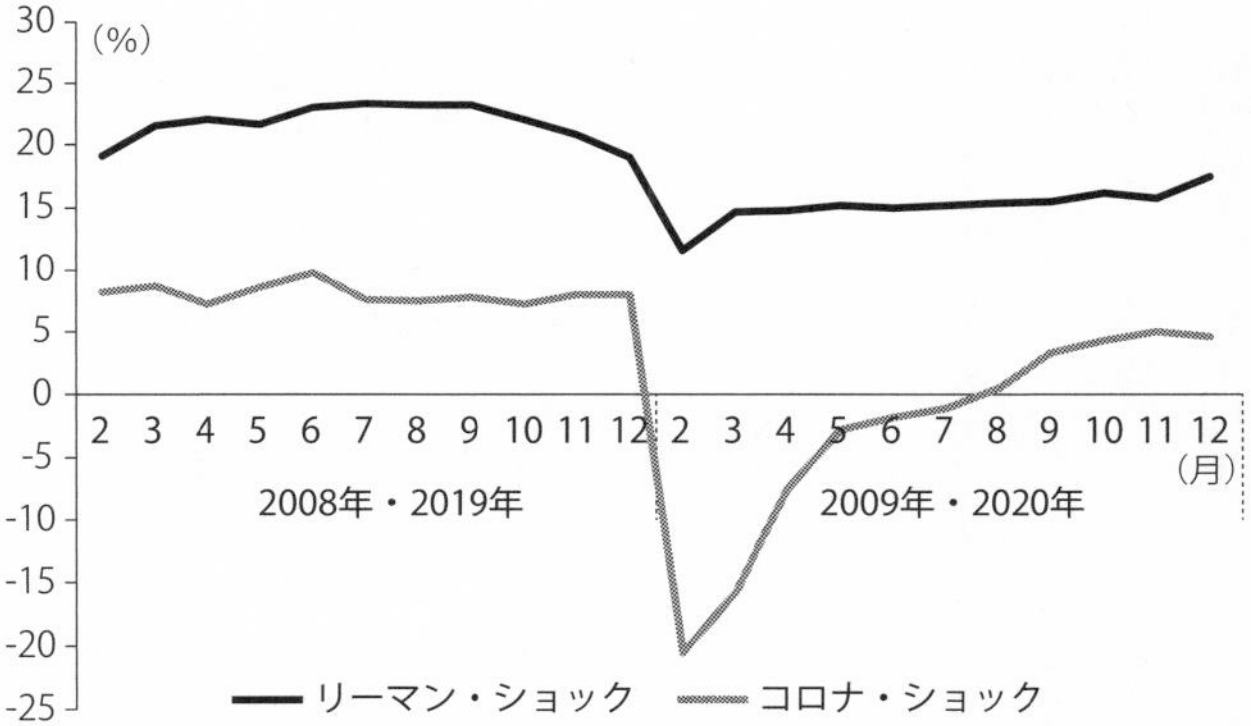

図5-4　リーマン・ショックとコロナ・ショック時における社会消費品小売総額の伸び率（前年同月比）
（出所）国家統計局の資料を基に筆者作成
（注）2009年２月は単月数値。2020年２月は１月と２月の合算数値

でデジタル消費券を配るなどして消費喚起を図ったが、完全には回復しきれず通年ではマイナスとなってしまった。

特に影響が大きかったのが対面型のサービス消費だ。自動車や家電製品といった耐久消費財は、消費時期を新型コロナ収束後にスライドすることが可能だが、サービス消費は性質上そうはいかない。例えば、感染拡大期間中に行けなかった旅行や開催できなかった会食を、収束後に倍に増やすことはないだろう。この期間のサービス需要は部分的に蒸発してしまった。国家統計局によると、２０２０年における商品小売額は前年比２・３％減にとどまる一方で、飲食店収入は同

16・6%減と大幅に下落している。

一方、大きく伸びたのがネット消費だ。厳しい感染症対策でリアルの消費が制限される中、多くの国民がインターネット通販を使って買い物をした。国家統計局のデータによると、20年1年間における実物消費とサービス消費を合わせたネット消費総額は、前年比10・6%増の11・8兆元（約200・6兆円）となり、消費全体に占めるネット消費の割合も30%に達した。ネット通販でも、サービス消費が前年比5・1%減と落ち込む一方で、実物商品小売額は同14・5%増と大きく伸びた。中でも、生活必需品のニーズがとりわけ高く、ネットを介した食品販売額は前年比30・6%増となった。ここから、スーパーやコンビニ、飲食店などリアル店舗が、ネットショップに取って代わられた構図が見て取れる。

輸出入――「世界の工場」で過去最高の輸出達成

輸出入はどうだったか。リーマン・ショックでは、輸出入ともにマイナスとなったが、世界的な景気低迷で外需が著しく低迷する一方で、4兆元の大型景気刺激策を背景とした中国国内需要の回復を受け、輸出の減少幅（前年比▲18・3%）が輸入の減少幅（▲

13・7％）を大きく超えたことで、貿易黒字の伸び率はマイナスに転じた。中国税関総署のデータによると、2001年のWTO加盟以降は年平均56・8％増と急拡大してきた貿易黒字額は、09年にはマイナス33・6％と大幅減となった。

コロナ・ショックで世界的に問題となったのは、サプライチェーンの混乱である。パンデミックの影響で、世界中の工場が一時的な閉鎖や稼働率の低下に追い込まれ、生産・調達体制や在庫、物流などの見直しが必要となった。一方中国では、工業生産は2020年4月に、輸出は6月以降に前年比プラスに転じるなど、世界に先駆けて新型コロナの流行を抑え込み、「世界の工場」として発展してきた地の利を活かし国内生産を拡大した。国家統計局によると、20年の工業生産は前年比2・8％増え、中でも製造業が同3・4％増とより高い伸び率を示した。

需要面でも追い風が吹いた。世界的な新型コロナ感染拡大が続く中、先進国を中心とした過去に類を見ない大規模な経済対策が実施されたこともあり、経済活動が滞った他国からの需要に支えられ、中国からの輸出が急増した。中国税関総署のデータによると、輸入が1・1％減となる一方で、輸出は3・6％増の2・59兆ドル（約284・9兆円）と過去最高を更新した。その結果、貿易黒字額は前年比26・8％増となった。

それでは具体的には、どのような貿易品目への影響が大きかったのであろうか。世界税関機構（WCO）が定める国際貿易商品の統計品目番号「HS（Harmonized System）コード」に基づく分類を見てみよう（図5-5）。

中国の対外輸出のうち、最もシェアが高いのが、第16部の「機械類および電気機器など」で全体の44・4%を占める。新型コロナ禍の中において増加額が最も大きかったのもこの第16部で、2019年と比較して20年は4584億元（6・1%）増えた。自宅の滞在時間が増えた影響で家電製品全体の需要が高まったことに加え、テレワークの普及にともなう世界的なパソコン需要の高まりが輸出急増の背景にあると考えられる。具

単位：億元

輸入		
2019年	2020年	増減額
2896	3559	662
4235	4969	735
686	778	93
1854	1933	79
35784	31472	-4312
10674	10427	-248
5991	6029	37
597	558	-39
1516	1403	-114
1837	1828	-9
2214	2031	-184
421	449	29
733	763	30
4146	2193	-1953
6643	8169	1525
47432	51207	3775
6706	5980	-726
7126	7190	64
1	1	0
580	491	-88
58	46	-12
705	755	50

種類	輸出		
	2019年	2020年	増減額
1 動物および動物性生産品	1156	999	-157
2 植物性生産品	1875	1908	33
3 動物性、植物性の油脂など	82	100	18
4 調製食料品など	2196	2153	-43
5 鉱物性生産品	3588	2581	-1007
6 化学工業の生産品	8971	9527	556
7 プラスチック、ゴム製品	7327	8232	905
8 皮革、毛皮およびその製品など	2433	1840	-593
9 木材およびその製品など	1039	1055	16
10 木材パルプ、紙およびその製品など	1791	1698	-93
11 紡織用繊維およびその製品	17948	19491	1543
12 履物、帽子、傘など	4390	3674	-716
13 石、セメント、陶磁製品など	3758	3879	121
14 真珠、貴石、貴金属など	1410	1268	-142
15 卑金属およびその製品	12584	12207	-377
16 機械類および電気機器など	74987	79571	4584
17 車両、航空機、船舶など	7710	7626	-84
18 光学機器、医療用機器など	5489	5938	449
19 武器など	10	13	3
20 雑品	12383	13795	1412
21 美術品、収集品および骨董	52	48	-4
22 未分類品	800	1725	925

図5-5　2019年と2020年における中国の品目別輸出入額

（出所）中国税関総署の資料を基に筆者作成

（注）種類は略称。表中の数字は、単位未満を四捨五入しているため、内訳と増減額の数値は必ずしも一致しない

体的な品目については、ノートパソコン、家電、医療用機器の輸出がそれぞれ20・4%、24・2%、41・5%増加したと、中国税関総署が公表している。

輸出シェア第2位が第11部の「紡織用繊維およびその製品」で、全体の10・9%を占めており、輸出増加額も2番目に大きい1543億元（8・6%）増であった。中国国内では、マスクや防護服などの分野には他業種からの参入が相次ぎ生産量が急増した。世界的な需要の高まりを受けて、これらマスクや防護服を含む繊維製品の輸出量も急増した。新型コロナ関連物資としては、第6部の「化学工業の生産品」に分類されている、医薬品などが含まれる第30類の「医療用品」は281億元（44・5%）増、消毒液が含まれる第38類の「各種の化学工業生産品」は362億元（30・8%）増であった。

輸入はどうか。最も落ち込みが激しかったのが、輸入シェア第2位の第5部「鉱物性生産品」で、2019年と比較して2020年は4312億元（▲12・1%）減った。中でも、第27類の「鉱物性燃料および鉱物油など」が5299億元減（▲22・2%）であった。主な要因として考えられるのが原油の国際市況の変化だ。さらに詳しい中国税関総署のデータを見てみると、2020年度の原油の輸入量は7・3%増えたのに対し、輸入額は26・8%減った。つまり、中国国内における経済正常化を背景に原油需要は高まったが、コロナ・ショックで原油価格が大幅下落したことで、全体の輸入金額を押し下げたと見られる。

次に影響の大きかった第14部「真珠、貴石、貴金属など」の輸入減少額は1953億元（▲47・1％）に達した。中でも特に減少幅が大きかったのが金や宝石などである。新型コロナが招いた所得減が、宝飾品などぜいたく品に対する需要減を招いた可能性が考えられよう。

第17部の「車両、航空機、船舶など」の輸入額は726億元（▲10・8％）のマイナスとなった。内訳を見ると、車両、船舶、鉄道の輸入額はほぼ横ばいであったのに対し、第88類の「航空機および宇宙飛行機並びにこれらの部品」は681億元（▲51・2％）の大幅減少となった。新型コロナの影響で旅行や出張など国内外における長距離移動需要が蒸発し、それにともない、航空機関連の輸入も激減したと考えられる。

投資——未来志向型のインフラ投資

リーマン・ショック時の4兆元の財政出動により、中国経済はV字回復を果たし、世界経済の牽引役となったのはすでに述べた。国際経済での中国のプレゼンスが飛躍的に高まったのは間違いない。しかし、その対価として招いたインフレや過剰生産能力といった副作用は、その後の中国経済に大きな禍根を残した。

リーマン・ショック後は4兆元の大半はインフラ投資に使われた。今回の新型コロナ経済対策でも、インフラ投資を通じた「有効投資の拡大」が大きな柱の一つであった。異なるのは投資の対象だ。過去の苦い経験に学び、副作用の強いバラマキ型ではなく、将来的な経済成長にもつながる未来志向型の投資を主軸としている。キーワードは「両新一重」建設。「新型インフラ」建設、「新型都市化」建設、「重要プロジェクト」建設を指す。

中でも注目されるのが「新型インフラ」だ。具体的な定義については、中国のマクロ経済政策を統括する国家発展改革委員会が2020年4月の記者会見で詳しく説明している。「新型インフラ」には主に「情報インフラ」「統合インフラ」「イノベーションインフラ」が含まれるという。

「情報インフラ」とは、次世代情報技術をベースに進化した、「通信ネットワーク（5G、IoT、産業インターネット、衛星インターネット）」「新テクノロジー（AI、クラウド・コンピューティング、ブロックチェーン）」「コンピューティング（データセンター、高度計算センター）」などのインフラを指す。

「統合インフラ」とは、インターネット、ビッグデータ、AIなどの技術を用いて従来型インフラを高度化したもので、高度道路交通インフラ、高度エネルギーインフラなどが含まれる。

「イノベーションインフラ」とは、科学研究、技術開発、商品開発をサポートする公共インフラを指す。

政府プロジェクトが呼び水となり、これらの分野には民間からも巨額の投資マネーが注ぎ込まれ、ポスト・コロナ時代の成長分野となるだろう。実際に、一部ではすでに投資拡大の動きも見られるようになっている。例えば、チャイナ・モバイル、チャイナ・ユニコム、チャイナ・テレコムの通信大手3社は、5G関連投資の加速を表明。2020年末の5G基地局数は71・8万ヵ所に達し、計画していた60万ヵ所を大幅に上回った。また、テック企業による新型インフラ投資も加速しており、アリババは2020～22年間に2000億元（約3・4兆円）、テンセントは2020～24年に5000億元（約8・5兆円）の投資を表明している。

それでは大規模なインフラ投資の原資はどのように確保するのか。リーマン・ショック時の場合、4兆元の財政出動のうち、中央政府が1・18兆元を支出し、地方政府が1・25兆元、銀行や企業が残りの1・57兆元を負担していた。その後の副作用として地方政府の過剰債務問題が顕在化している。コロナ・ショックではどうなるか注意が必要である。

インフラ投資の原資はどこから

中国で年に一度行われる重要会議、全国人民代表大会（全人代）は2020年には5月22〜28日の日程で開催された。全人代は毎年3月5日の開幕が慣例であったが、新型コロナウイルスの感染拡大を受け、約2ヵ月半遅れてやっと開催に漕《こ》ぎつけたという異例の年となった。

初日に首相が読み上げる「政府活動報告」では、実質経済成長率の目標値が注目の的となる。今回は1988年以降で初めて設定が見送られた。ただし、目標設定を見送ったからといって、経済成長をあきらめたわけではない。李克強首相は「政府活動報告」で、「雇用、国民生活の保障、脱貧困の目標達成にしろ、リスクの防止・解消にしろ、すべてにおいて経済成長の支えを必要としている」と、経済成長の必要性を強調した。

経済成長の柱の一つとして「政府活動報告」で掲げたのが「内需拡大戦略」であった。新型コロナウイルスの世界的な流行で外需が急速に冷え込む中、インフラ投資などを通じ、内需を拡大させて経済成長につなげる。その主役となるのは「地方」である。財政赤字の規模を前年より１兆元（約17兆円）増やすと同時に、緊急時の特別措置として感染症対策特別国債を１兆元発行。この２兆元をすべて「地方に回す」とした。

中国は広い。日本の約25倍の国土の中には、先進諸国とほぼ変わらぬ一面と前近代的な一面が併存している。２０２０年の一人あたりGRP（域内総生産）を見ても、最も高い北京と最も低い甘粛《かんしゅく》省の間には約４・９倍の差がある。中国国内にはまだまだ経済発展を必要としている地方が数多く存在するのだ。

コロナ・ショックの経済対策として拡大するインフラ投資の原資について、「政府活動報告」では、「地方専項債を昨年より１・６兆元（約27・２兆円）増やして３・75兆元（約63・８兆円）を手配する」という地方債の増発方針を打ち出した。

この地方専項債とは何なのか。簡単に中国の地方債について説明しておこう。

地方債の発行は、２００９年に中央政府（財政部）による代理発行という形で開始された後、14年には「中華人民共和国予算法」が改正され、直接発行が可能となった。実

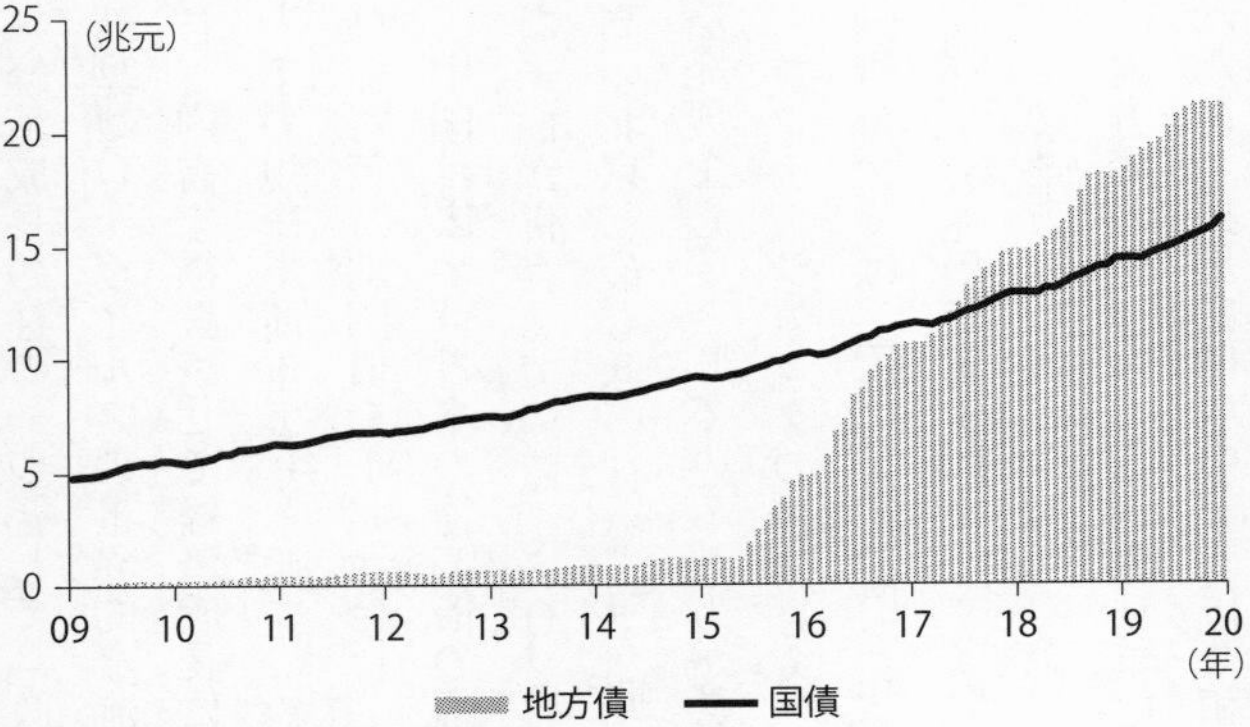

図5-6　国債・地方債残高の推移
(出所) CEICの資料を基に筆者作成

際に解禁された15年以降、中国の地方債市場は急拡大。15年年初に1・16兆元(約19・7兆円)だった発行残高は右肩上がりで上昇し、17年5月に国債を超え、19年末には21・12兆元(約359兆円)にまで拡大した(図5-6)。

地方債には、一般債と専項債の区別がある。一般債とは、一般公共予算に組み入れられる、収益性のない公共事業を対象とした債券を指す。一方、専項債は、収益性のあるプロジェクト等の資金調達のために発行され、その収益が償還資金に充当される債券であると定義されている。今回の新型コロナ経済対策で拡大されるインフラ投資の原資として、各地方政府は中央政府の方針に基づきこの地方専項債による資金調達を拡大したのである。

土地関連プロジェクトを制限

問題となるのは、地方専項債で調達された資金が、本当にインフラ投資に回るのかという点だ。じつは、2018年、19年においても地方専項債の発行を増やしたにもかかわらず、結局インフラ投資に資金が回らず、経済成長に直接結びつかないという問題があった。

なぜこのような問題が実際に起きていたのか。専項債の対象となるプロジェクトの中身に秘密があった。中国の調査会社Windから得た個別の地方債発行データを用いて独自に集計したところ、31省級政府（省・自治区・直轄市）の新発専項債について、19年に約7割を占めていたのがバラック地区の再開発（35・9％）と土地備蓄（34・0％）だったのである（図5-7）。これらの土地関連プロジェクトは有効投資に直接つながらず、インフラ投資が低迷していた要因と考えられるため、これらを目的とした専項債の発行が原則禁止とされた。20年7月からバラック地区の再開発プロジェクトの一部が再開されたが、通年では全体の12％にとどまり、土地備蓄は通年でゼロだった。

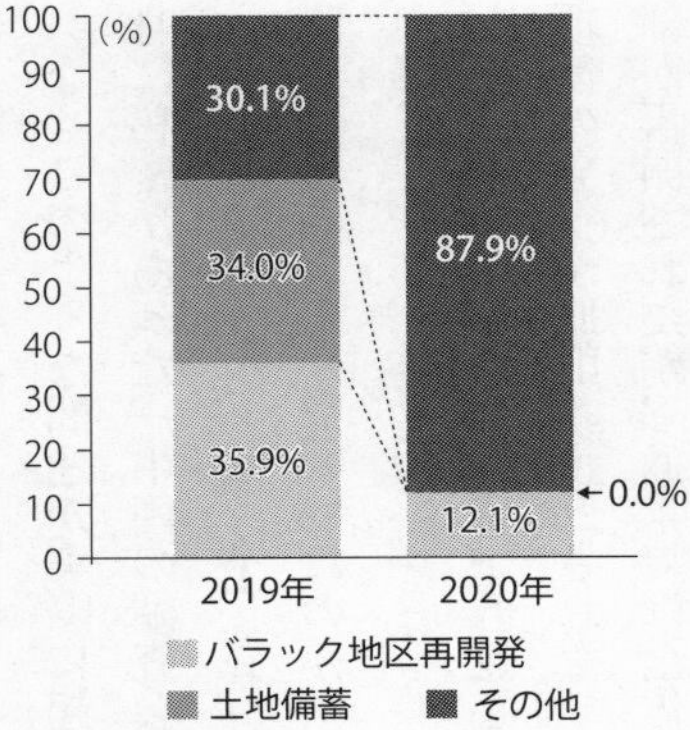

図5-7　地方専項債のプロジェクト別発行比率
（出所）Windの資料を基に筆者作成

　ここから、増発された地方専項債を着実にインフラ投資に向かわせることで雇用の拡大を図り、短期的には投資駆動型の経済成長を実現させようという中国政府の意図が見てとれる。結果、中国国内におけるインフラ投資は増加傾向にあるようだ。Ｗｉｎｄは、国家統計局が公表している「交通運輸・倉庫・郵政」「電力・ガス・水の生産および供給」「水利・環境・公共施設管理」分野における固定資産投資データをもとに、インフラ建設に関する投資額を算出している。これによると、２０２０年のインフラ投資は前年比３・41％増と、固定資産投資全体の伸び率２・９％を上回った。

　21年も有効投資の拡大政策は継続される。具体的な政策としては、対ＧＤＰ比の財政赤字目標を昨年の３・６％以上から約３・２％に引き下げ、昨年１兆元（約17兆円）発行した「新型コロナ対策特別国債」を取りやめるなど、財政健全化に取り組む。一方で、地方専項債は３・65兆元（約62・１兆円）の発行を見込んでおり、19年比ではプラス１・５兆元（約25・５兆円）の発行増と、依然として高止まりしている。土地関連プロジェクトを名義とした専項債の発行は今後も引き続き制限を受けると考えられる。

中長期的課題

中国はインフラ投資を増やし短期的に経済成長を実現した一方で、当然課題もある。最も懸念されるのが地方財政の健全性だ。地方政府の貴重な財源の一つが、国有地の使用権を販売して得る収入で、その依存度は近年加速している。

中国の財政予算は、日本の一般会計にあたる「公共財政予算」と、特別会計のような「政府性基金予算」がある。この政府性基金の多くが、国有地使用権の譲渡による収入なのだ。中国財政部の統計によると、２０２０年の中央、地方を合わせた全国政府性基金の87・９％が土地譲渡による収入で、この比率は年々増加傾向にある。

この土地財政の原資となる国有地の備蓄、整備にかかわる費用は、17年５月に「地方政府の土地備蓄専項債券に関する管理弁法（試行）」が施行されたことで、地方専項債で調達することが可能となった。実際に、地方政府の国有地使用権の譲渡による収入は

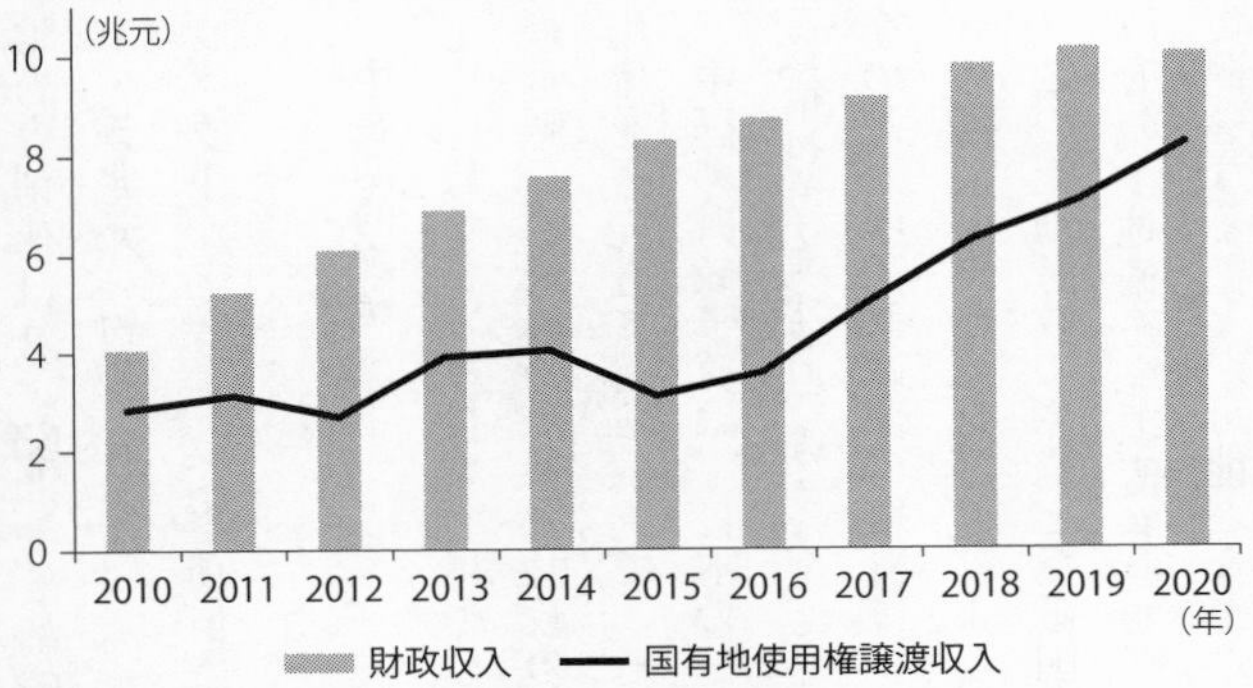

図5-8　地方政府の財政収入と国有地使用権譲渡収入
（出所）中国財政部の資料を基に筆者作成

17年以降急増しており、20年は８・２兆元（約１３９・４兆円）に達し16年比で約２・３倍となっている（図５－８）。専項債の発行が土地使用権譲渡収入の増加につながり、地方政府財政の不動産依存を強める原因となっていたと見られる。

事実、２０２０年の地方政府の財政収入（一般公共予算収入）は、前年比約０・９％減の10・01兆元（約１７０・２兆円）となり、１９９４年以来初めてマイナスに転じた。一方、土地使用権譲渡収入の伸び率は16・２％と、前年よりさらに加速し、新型コロナ禍で財政収入が伸び悩む中、不動産依存度がさらに高まった。

このような状況で、土地備蓄を目的とする専項債の発行が禁止されれば、地方政府が保有する国有地が減り、ひいては財政収入に大きな影響を及ぼしかねない。２０２０年に土地関連プロジェクト向けの地方専項債を発行することが禁止された後も、国有地使用権の譲渡による収入が増えていることから、実態は不透明ではあるが、地方政府は売却できる土地を依然保有していると見られる。したがって、地方政府の土地財政問題は今後、若干のタイムラグをともないながら、徐々に顕在化してくることが予想される。

　地方債市場の健全性に対するもう一つの懸念として、政府による「暗黙の保証」がある。つまり、政府部門の手掛けるインフラ経営は失敗する可能性はきわめて低く、仮に失敗しても債務不履行を回避するよう政府部門が支援するだろうと多くの市場参加者が信じているのだ。中国政府はこれまで地方債に対する「暗黙の保証」期待の解消に取り組んできた。

　しかし、今回の地方債増発によって、需給バランスの悪化が生じる中で、地方債の安定消化と「暗黙の保証」問題の解決を同時に達成するのは、きわめて難しいと考えられる。当面は、地方政府の資金調達を支援する政策のほうに重点が置かれ、市場の健全性を高めるような改革は進まない可能性が高い。万が一、プロジェクトに問題が生じたときに、実際にこの「暗黙の保証」が利くのかどうか見通しがつかない。もしそれが保証されなかったら、「暗黙の保証」期待がある中で、地方債市場が不安定になる懸念もある。

　そしてこれらの地方債問題が、今後さらに長期化していく可能性も出てきている。31省級政府が新規に発行した地方専項債の償還期間別の発行額を見ると、２０１９年では、５年債（42・３％）の発行額が最も多く、10年以上の発行額は限定的だった（図５-９）。これは19年単年だけの傾向ではなく、過去５年間（15〜19年）の平均を取っても5年債の発行が最も多くなっている。

　しかし20年になると、５年債（７・２％）の発行が激減し、代わりに10年債（32・５％）が最多となったほか、超長期債の発行も増えている。具体的には、償還期間10年以上が全体に占める割合は19年では39・３％だったのに対し、20年には82・１％にまで高まった。このように、地方専項債における償還期間の長期化が顕著

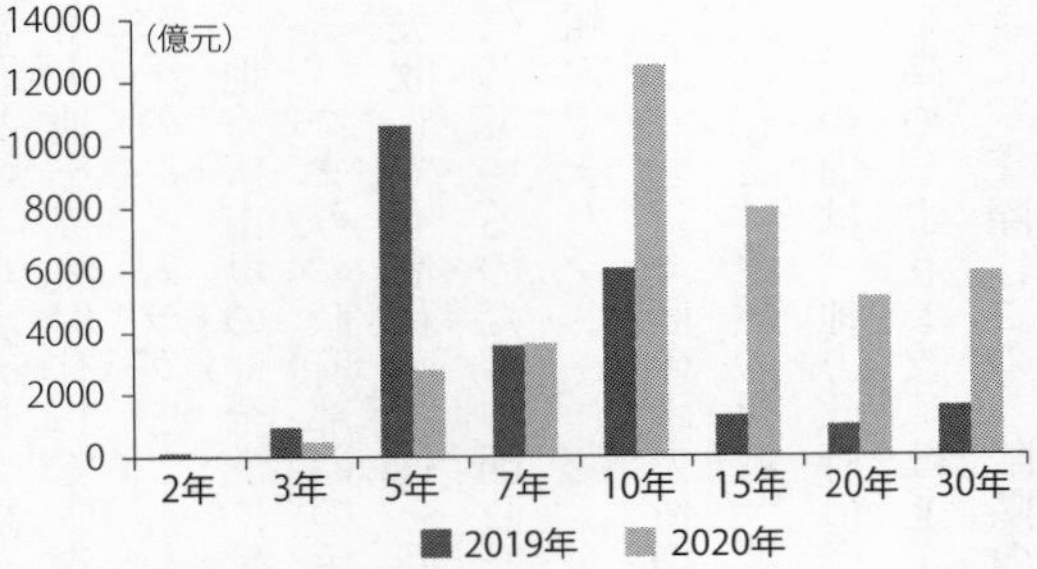

図5-9　新発地方専項債の償還期間別発行額
(出所) Windの資料を基に筆者作成
(注) 31省級政府が発行した借換債を除く新発専項債

になってきているのである。

コロナ・ショックで甚大な影響を受けた中国経済は、短期的に経済成長モデルを投資主導型へと転換したことで、主要国の中で唯一プラス成長を維持した。一方、インフラ投資拡大によって悪化した地方財政も将来的な懸念材料となっている。中長期的に見ると、投資によって建設が進む「新型インフラ」がイノベーションを生み、それが経済成長をもたらすという好循環につながっていくかどうかが、今後の中国経済を見ていくうえで重要になってくるだろう。

この中長期的な戦略である、経済成長モデルのイノベーション駆動型への転換については、次章で詳しく紹介する。

第6章

デジタル国家の未来

1 「数字中国《デジタル・チャイナ》」の建設

『第14次五ヵ年計画』とデジタル戦略

中国の経済体制は、建国後の社会主義計画経済から改革開放を経て、社会主義市場経済へとその姿を大きく変えてきた。しかし、中長期的目標・計画を策定し、中国共産党の強いリーダーシップの下でその達成を目指す、というスタイルは一貫して変わらない。

中国では、中国共産党の創立100周年にあたる2021年までを「第一の百年」、中華人民共和国の建国100周年にあたる2049年までを「第二の百年」とする、「二つの百年」の奮闘目標を定めている。

100周年を迎えた中国共産党は21年、「第一の百年」の奮闘目標である「小康（ややゆとりのある）社会の全面的完成」を正式に宣言。「第二の百年の奮闘目標の達成に向けた最初の5年」と位置づける『国民経済・社会発展の第14次五ヵ年計画および2035年までの長期目標』（以下『第14次五ヵ年計画』と略称）を発表した。

『五ヵ年計画』とは、5年に一度発表される、国民経済の長期的な発展のための目標と方向性を示したグランドデザインだ。今回はこれに「2035年までの長期目標」が加えられた。2017年10月に開催された中国共産党第19回全国代表大会において、35年までに社会主義現代化を基本的に実現し、21世紀半ばまでに社会主義現代化強国を実現するという、「第二の百年」の奮闘目標の達成に向け、二段階で進める方針が定められている。『第14次五ヵ年計画』は、その目標達成に向けた第一歩という位置づけとなる。

今後は、このグランドデザインをベースに具体的な政策が打ち出される。実際の現場では、それぞれの部門が知恵を出し合い、互いに競い合いながら具現化していく。例えば、私が勤務する大学のようなセクターでは、教育、研究といった関連分野の方針に基づき具体的なプランを策定し、教職員や学生がそれを実践する。

『五ヵ年計画』に関わるのは政府部門や公共部門、国有企業だけではない。政府は、民間企業や個人を含む社会発展に貢献する全要素を「社会力量（パワー）」と称し、計画達成に向け積極的な参加を促している。実際に、中国でビジネスをするうえで、国家の方針や政府の動きとの関連は外せない。『五ヵ年計画』で示されるような、「ヒト」「モノ」「カネ」といった大量のリソースが投じられる重点分野には、プロジェクトの初期から参入するのが中国ビジネス成功の基礎となる。成功を目指す民間企業にとっては、この計画に基づきいち早くアクションを起こすことが求められるのだ。

このように、『五ヵ年計画』は官民両部門にとって重要な羅針盤となる。政府・公共部門は目標達成が政治・行政上の業績となり、民間はその中からビジネスチャンスを見つけ出し利益の最大化を追求する。つまり、利害関係が一致する官民が互いに協力し合いながら、目標の達成を目指していく。

この「社会力量」を集約し目指すのが「高質量発展（質の高い発展）」。これまでの「規模」を追い求める発展を改め、イノベーションを根本的な原動力とした、質の高い発展を目指す。

現在最もイノベーションが生まれている分野が「デジタル」だ。経済成長への貢献も大きい。中国工業情報化部は、２０１９年におけるデジタル経済の規模はＧＤＰの36・2％に達し、経済成長率への寄与度も60％を超えたと発表している。

『第14次五ヵ年計画』ではこの「デジタル」について、「経済」「社会」「政府」の具体的な取り組みプランが示され、「数字中国《デジタル・チャイナ》」の建設に向けた本格的な第一歩を踏み出した。実際に、『五ヵ年計画』本文に「数字（デジタル）」というワードが登場する回数を見てみると、「第13次」ではわずか5回に過ぎなかったが、「第14次」では75回にも上った。『第14次五ヵ年計画』の初年度である2021年は、後に「数字中国《デジタル・チャイナ》」元年」と呼ばれるようになるかもしれない。

まずは『第14次五ヵ年計画』で示された「経済」「社会」「政府」のデジタル化への取り組み方針を見てみよう。

数字経済

デジタル技術をベースとする新経済分野のイノベーションは目覚ましいスピードで進んできた。しかし、『第14次五ヵ年計画』でも指摘されているように、2035年までにイノベーション先進国入りを目指す中国にとって、現時点ではまだ、イノベーション力は質の高い発展要求に適応できていない。中国のイノベーションは、巨大な国内市場を背景に、すでにある技術を応用する「社会実装型」が特徴だ。例えば、モバイル決済で幅広く利用されているQRコードを開発したのは日本のデンソーだ。パソコンやスマートフォンの基本ソフト（OS）市場は米国企業の独占が続く。ソフト、ハード両面における海外技術への依存度は高い。

中国が急ぐのが独自の研究開発、特に基礎研究分野の強化である。『第14次五ヵ年計画』では、社会全体における研究開発費を年平均7％以上増やすとしたうえで、基礎研究比率を総額の8％以上にまで高める目標を掲げた。税制優遇など企業にインセンティブを与え、技術者の育成や外国人専門家の招致にも力を入れる。

研究開発の強化によって生まれた新技術を、積極的に社会へと実装、導入していく計画だ。デジタル経済分野の重点産業には、「クラウド・コンピューティング」「ビッグデータ」「モノのインターネット（IoT）」「インダストリアル・インターネット」「ブロックチェーン」「人工知能（AI）」「仮想現実（VR）と拡張現実（AR）」の7分野が指定されている。

デジタル産業そのものの推進だけではなく、従来型産業のデジタルトランスフォーメーション（DX）も期待される。第二次産業においては、インダストリアル・インターネット・プラットフォームやDX推進センターを建設し、研究開発や設計、製造、経営管理、マーケティングなど一連の関連業務のデジタル化を進める。また、工業団地のデジタル化改造も加速させる。第一次産業ではスマートアグリ（農業）の開発や生産・運営管理のデジタル化、第三次産業でも、クラウドソーシングやスマート物流などを積極的に推進する計画となっている。

数字社会

日常生活のあらゆるシーンにデジタル技術が溶け込み、我々の暮らしを支えている。中国政府は、民間サービスで培ったノウハウを活用することで、公共サービスや社会運営におけるイノベーションを促進し、より便利な社会の構築を目指している。

キーワードの一つが、「インターネット＋公共サービス」。中国政府は２０１５年、インターネット技術と他のあらゆる産業との連携を後押しすることで、既存産業の新たな発展を促すことを目的とする「互聯網《フーリェンワン》＋（インターネット・プラス）」政策を打ち出した。例えば、「インターネット＋消費」のネットショッピングや、「インターネット＋金融」のフィンテックは、近年目覚ましい成長を遂げている。これを公共サービス分野にまで広げ、「社会力量」の積極的参加を促し、より良い社会の実現を目指す。

『第14次五ヵ年計画』では、「教育」「医療」「高齢者介護」「育児」「雇用」「スポーツ・文化」「障害者支援」などが重点分野に指定されている。まさに、中国が抱える大きな社会問題が存在する分野だ。

中国社会にはいまだにさまざまな問題が山積している。特に農村部の問題が顕著で、都市部との所得や教育格差、社会保障制度の整備の遅れなど、不均衡発展は依然として未解決のままだ。『第14次五ヵ年計画』でも、「数字郷村（デジタル・ビレッジ）」構想に言及している。公立学校における「オンライン授業」で教育格差を、「インターネット病院」で医療格差を解消したい考えだ。

デジタル社会が進むことで顕在化してくるのが「デジタル格差問題」だ。高齢者を中心に、スマホを使えない「デジタル弱者」が一定の割合で存在する。新型コロナ禍で日常的に利用されている「健康コード」はスマホが前提条件であるため、導入された直後は、一部の「デジタル弱者」が商業施設や交通機関の利用を拒否されるという問題が起こった。中国政府は全面的な「数字中国《デジタル・チャイナ》」の建設に向け、デジタルスキルの教育やトレーニングの強化を通じ、高齢者や障害者などを含む全市民がデジタルライフを享受できる環境整備に取り組んでいる。

数字政府

民間部門と比較すると、政府部門におけるデジタル化は遅れている。中国政府は今後、デジタル技術を幅広く政府管理に応用することで、行政サービスの効率性、利便性を高めると同時に、そこで得たデータを使って政府部門の意思決定能力を高めたいと考えている。

目指すのは「スマート行政」。証明書、契約書、サイン・印鑑、領収書などをすべてデジタル化し、煩雑な行政手続き・サービスを、インターネットを通じてワンストップで完了できる環境作りを推進する。

デジタル「評価システム」の導入による、低質な行政サービスの改善も期待される。中国で生活している我々にとって最も面倒で、気が重くなる作業が行政手続きだ。過去と比べると窓口の対応は随分親切丁寧になってきてはいるが、運悪く気性が激しい担当者に当たると、場合によっては罵倒されるケースもある。2021年3月、引っ越しにともなう「住宿登記」の変更で最寄りの派出所で手続きをしたが、機嫌の悪い担当者に当たってしまい、激しい口調で罵《ののし》られてしまった。いまだにこんな公務員がいるのかとショックを受けたが、こちらとしては打つ手がない。民間で幅広く利用されている配車・ライドシェアサービスやフードデリバリーサービスでは、「評価システム」の導入によりサービスの質が段違いに高まった。行政サービスでもこのような効果が期待されている。

デジタル技術を利用した政府部門の意思決定メカニズムを構築し、ビッグデータに基づく正確でタイムリーな監視、予測、早期警報のレベルを向上させる。また、公共データの公開・共有も強化する。有識者による公共データへのアクセス、利用を促すことで、「証拠に基づく政策立案EBPM：Evidence-based policy making」能力を高める狙いである。

ここまでは『第14次五ヵ年計画』で示された「数字経済」「数字社会」「数字政府」の建設に向けた方針を紹介してきた。それでは具体的にどのような産業やビジネスが今後の成長のエンジンとして期待されるのであろうか。これから訪れる「中国新経済2・0」時代を想像してみよう。

中国新経済2・0

2010年代、中国経済の成長を牽引してきたデジタル決済をプラットフォームとする新経済はBtoC（企業対消費者取引）サービスが中心だった。新経済分野ではさまざまなサービスが出揃い徐々に成熟期へと移行していく中、2020年以降の「中国新経済2・0」時代においては、BtoB（企業対企業取引）、製造業分野などへの広がりが期待されている。

さまざまな産業で積極的に進められているのが、「新型インフラ」建設で加速した5Gネットワークをベースとしたスマート化だ。5Gには、通信速度が現行規格の約100倍という「高速大容量」に加え、「超低遅延」「多数端末同時接続」といった特長があり、多方面にわたる分野での活用が期待される。

製造分野では、ローカル5Gによる製造設備のオンライン化や生産工程のデジタル化を促進する。もともと「世界の工場」として強みのある製造業のアップグレードを図る狙いだ。

生産工程のスマート化だけではなく、「製造業の核心的競争力向上」も『第14次五ヵ年計画』で示された。「核心」として、レアアースやセラミック、炭素繊維などの「ハイテク新素材」、高速鉄道や旅客機、先進工作機械などの「重大技術設備」、「スマート製造やロボット技術」「航空機エンジンやガスタービン」、独自開発の衛星測位システム「北斗の産業応用」、「新エネルギー車やスマート（コネクテッド）カー」「高度医療設備や新創薬」「農業機械設備」の8分野が指定されている。

中でも、近年目覚ましい発展を遂げているのが新エネルギー車だ。中国では、電気自動車（ＥＶ）、プラグインハイブリッド車（ＰＨＶ）、燃料電池自動車（ＦＣＶ）が新エネ車と定義され、ハイブリッド車（ＨＶ）は含まれない。中国汽車工業協会によると、２０２０年における自動車販売台数が前年比１・９％減の２５３１万台と3年連続で前年割れとなる中、新エネ車の販売は10・９％増の１３７万台だった。

新エネ車の外国向け輸出も増えている。「自動車大国」と呼ばれる日本においても、大型ＥＶバスや小型ＥＶトラックなど、中国から商用ＥＶを輸入する企業が増加傾向にある。

中国で新エネ車の普及が一気に進んだ背景の一つに、生産・販売促進を目的とした政府による支援政策がある。新エネ車の普及は、自動車の急増による大気汚染の深刻化や石油の海外依存度の高まりといった問題の緩和に資する。また、既存の乗用車市場における国内メーカーのブランド力は外資系メーカーに大きく劣るが、技術構造が大きく異なる新エネ車市場を新たに発展させることで、自国メーカーの台頭が期待できる。

実際の支援策では、中央、地方両政府から巨額の補助金が新エネ車の普及を力強く後押しした。また、北京や上海などの大都市では、渋滞や環境対策を目的にナンバープレート発給に数量規制が設けられているが、新エネ車には特別枠が設定されたこともマーケットの拡大に一役買った。中国国内で3万台以上の自動車を生産・輸入販売するメーカーに対し、一定割合の新エネ車の生産・輸入販売を義務づける「NEV（新エネルギー車）規制」も導入されている。

政府の補助政策により関連インフラの整備も進んだ。中国電気自動車充電インフラ促進連盟によると、2020年12月現在、中国全国の充電ステーションは6・36万ヵ所、電池交換ステーションは555ヵ所に達し、80・7万台の公共充電器が設置されているという。

中国は、2030年に新エネ車の年間新車販売台数を全体の40％超となる1500万台まで増やすロードマップを公表している。2020年末のこの比率が5・4％であったことに鑑みると、かなり野心的だが、達成に向けさまざまな政策を実施していくであろう。

『第14次五ヵ年計画』では、「交通」「物流」のスマート化も重点分野に挙げられている。そのコアとなる技術が、第1章でも紹介した無人配送ロボットにも用いられている自動運転だ。この分野においては、民間企業を中心に研究開発が進められてきたが、社会実装に向けた動きが活発化してきている。例えば、自動運転システム「Ａｐｏｌｌｏ（アポロ）」を開発している百度《バイドゥ》は2021年1月、浙江省の自動車メーカー吉利汽車と合弁企業を設立すると発表した。社名は「集度汽車《ジードゥチーチャー》」。百度は、Apolloの自動運転技術やAI技術に加え、地図検索サービス「百度地図《バイドゥディトゥ》」や車載用基本ソフト（OS）「小度車載《シャオドゥチャーザイ》」などのソフトウェア技術を活かしてスマートカーの開発に取り組む考えだ。なお百度は、2030年までに自動運転タクシーを全国100都市で展開する方針も発表している。この分野には、BAT（百度、アリババ、テンセント）以外にも、華為技術（ファーウェイ）や小米（シャオミ）など多くのテクノロジー企業が参入し、熾烈《しれつ》な開発競争が繰り広げられている。

民間の開発が進む一方で、政府によるガイドラインの策定や規制緩和の動きも始まっている。例えば北京市は2020年9月、「ハイレベル自動運転モデル地区」の建設を発表した。現行法では自動運転はさまざまな制約を受けるが、同エリア内に限り規制を緩和する。また、2021年4月にはさらに一歩進んだ「スマートコネクテッドカー政策先行エリア」が公表され、タクシーやバスなどの公共交通や物流において、自動運転車を使った有料の商用サービスを奨励する方針が示された。この方針を受けて、百度は同年11月から北京市内の公道の一部で、有料の自動運転タクシーサービスを始めている。

ここで紹介した「新エネルギー車やスマートカー」以外にも、『第14次五ヵ年計画』で示されたその他の製造分野において、政府の支援政策や規制緩和を背景に、民間テック企業が牽引する形でデジタル化、スマート化が進んでいくだろう。

データビジネス

データはビジネスの成功に欠かせない「21世紀の石油」と言われている。アプリなどから「生成」されたデータは「収集・保存」され、使用可能な形式への「加工・整理」を経て、最終的に「利用」される。民間企業は自社のサービスで囲い込んだユーザーから得たさまざまな情報をベースに、独自のビジネスモデルを構築し発展を遂げてきた。第4章で紹介した、アリペイで生成されたデータをフィンテックビジネスに利用するアントの事例は、まさにデータを最大限に駆使したビジネスモデルだと言えるだろう。

データと石油との大きな違いが「流通」にある。根底にあるのは、データ所有者が抱える、情報を公開することへの強い拒否反応だ。データ・エコノミーの時代において、顧客データは自社の発展に欠かせないきわめて重要な資産だ。簡単に第三者に渡すわけにはいかない。

この新たなBtoBビジネスである、データの流通・利活用に向けた取り組みが政府主導で進められようとしているのが中国だ。『第14次五ヵ年計画』では、独占的にデータを保有するプラットフォーマーを念頭に、「検索、Eコマース、ソーシャルネットワークなど企業が保有するデータの開放を奨励し、第三者ビッグデータサービス産業を発展させる」という方針が示された。取引プラットフォームや市場参加者の育成、データ資産評価、登録・決済、取引仲介、紛争仲裁といった市場運営システムの開発を進め、データ取引に関する健全な市場ルールの確立を目指す。

データビジネスにおいて重要となるのが、データ・セキュリティやプライバシーの問題だ。データの取り扱いに関して包括的に定められた「データ・セキュリティ法」が2021年9月から、個人情報の取り扱いに関する「個人情報保護法」が同年11月から施行されている。モバイル決済やSNSなどのデジタルサービスを無料で使える対価としてユーザーは「個人データ」を支払っているが、業者による無秩序な商業利用が問題視されてきた。データに関する法的枠組みを整備することで、無秩序な収集や乱用を防ぎ、健全な市場育成につなげる狙いもありそうだ。「データ・セキュリティ法」第19条においても、データ取引管理システムの確立やデータ取引市場の育成に言及しており、今後はこれらの法的枠組みをベースに具体的な政策が打ち出されていくだろう。

「養老」ビジネス

中国新経済が急成長した背景には、「社会問題の解決」という共通点がある。プラットフォームであるアリペイなどの第三者決済サービスは、クレジットカードが普及していなかった中国におけるオンライン決済の利便性を高めた。スマホの普及で広まったモバイル決済によって使い勝手の悪かった現金問題が解決へと向かい、次々と新ビジネスが生まれた。配車サービスの登場で違法タクシーや「交通難民」問題が、シェア自転車で違法三輪タクシーが、フードデリバリーで食の安全問題が解決へと向かった。新型コロナ禍での国民生活を支えたのも新経済だった。

猛スピードで発展してきた中国社会には、先進国に住む日本人では想像もつかないような問題が依然として山積している。「新経済２・０」の時代でも、この「社会問題」にビジネスチャンスがあるという構図は変わらない。

例えば、「数字社会」建設で重点分野に指定されている「教育」「医療」「高齢者介護」「育児」はすべて、中国で急速に進む少子・高齢化問題と関連する。中国国家統計局が発表した2020年人口センサスの年齢構成比を見ると、60歳以上の人口は2億6402万人となり、総人口に占める割合は18・7％に達した。2010年の人口センサス結果と比較すると、0～14歳人口が14・5％増加したのに対し、60歳以上人口は48・6％も増えた。

少子化対策は取られているが、その効果は不透明だ。2016年1月1日、中国で30年以上続いた「一人っ子政策」に終止符が打たれ、「二人っ子政策（二胎政策）」が全面的に実施された。しかし国家統計局によると、出生数は初年度の16年でこそ前年比131万人増の1786万人に達したものの、その後は右肩下がりを続け、20年には1200万人まで減少している。そのような中、21年5月には、産児制限をさらに緩和して第3子の出産を認める方針が明らかとなり、出産奨励策を出す地方政府も現れ始めた。産児制限の緩和や教育費負担の軽減を受けて、出生数は改善するかもしれないが、その効果は未知数だ。たとえ出生数が増加傾向に転じたとしても、「計画生育」が招いた人口構造の歪《ゆが》みを解消するには長い歳月を要するだろう。

一方高齢化に関しては、今後加速していくと見られている。2020年の詳細データは発表されていないので、19年の年齢別人口構成比を見てみると、50～59歳人口が全体の15・3％を占める。「一人っ子政策」が始まる前の60年代に生まれたこのベビーブーマー世代が退職期を迎えるのだ。２０３０年における高齢人口の割合は25％前後になるとの推計もある。

高齢化社会で成長が期待されるのが「養老《ヤンラオ》」、すなわち介護ビジネスだ。中国政府も急速に迫りくる高齢化に対し危機感をつのらせており、『第14次五ヵ年計画』においても、養老・介護産業の発展を推進していく方針が示されている。

この巨大市場に挑む日本企業がある。パナソニックだ。２０２１年7月、中国江蘇省宜興《ぎこう》市に、健康養老コミュニティ開発会社である雅達国際ホールディングスと共同で、「雅達・松下社区」と呼ばれる「健康・養老都市」を開業した。合計１１７０戸を計画する高齢者向け住宅に、パナソニックの独自技術を採用した最新設備が導入される。テーマは「健康」。例えば、手すりについた指紋センサーで人を識別し尿検査や血圧などの健康状態を測定できる高級トイレや、寝室の明るさを自動で調整してくれる照明システムなどが採用されている。快適な暮らしの中で、自然と体調管理ができ病気のリスクを減らす。高額だが人気は高く、先行して販売した一部の物件はすでに完売している。

目玉は快適睡眠システム。日々の睡眠状態を測定し、「照明」「空調・空質機器」「その他の住設機器」に制御をフィードバックする「IoT住宅設備」だ。日本で長年開発してきた技術が原型となっており、北京の実証実験センターで中国人の高齢者を被験者に効果を実証したうえで、導入へと踏み切った。

このシステムは日本ではまだ商品化されていない最新技術が用いられている。なぜ日本に先駆けて中国市場に投入したのか。同社の代表取締役副社長で中国・北東アジア総代表の本間哲朗氏によると、スマート技術は日本の高齢者分野では使われにくいが、すでに複数のIoT住宅設備が市場に導入され、国民の誰もがスマホを使う中国では、導入上のハードルが低いという。デジタルリテラシーが比較的高く、イノベーション上の失敗に寛容である中国の特質を活かしながら、顧客価値が確立した商品については、日本や他のアジア諸国への展開も視野に入れている。

中国政府は、社会問題が顕著な分野に関しては、過度な規制をかけず、イノベーションが生まれやすい環境を整備することで、新しいビジネス、サービスの誕生を促し、さまざまな社会問題が解決へと向かうことを期待している。これらの分野は、日本企業にとって大きなビジネスチャンスとなるだろう。

2　デジタル人民元の今後

中央銀行デジタル通貨とは

通貨は時代の発展とともにその姿を変えてきた。貨幣の歴史を見ると、商品貨幣（物品貨幣）から信用貨幣となり、その信用貨幣も鋳造貨幣、紙幣などさまざまな形で流通してきた。次の新しい形がデジタル通貨だ。

デジタル通貨には、ビットコインなど多くの種類が存在するが、各国の中央銀行が中央集権的に発行するのが中央銀行デジタル通貨（ＣＢＤＣ）である。ＣＢＤＣについて日本銀行は、①デジタル化されていること、②円などの法定通貨建てであること、③中央銀行の債務として発行されること、と説明している。

銀行預金といった貨幣情報のデジタル化はすでに進んでおり、唯一デジタル化されていないのが「現金」だ。ここでいうＣＢＤＣとは、我々が日常で利用している「現金」の機能をデジタル化したものを指す。例えば２０２１年９月の中国の状況を見ると、通貨供給量（Ｍ２）に占める現金通貨（Ｍ０）の比率は３・７％で、ＣＢＤＣが代替しうるのはこの部分となる。

CBDCに対する注目度は、各国中央銀行の間で急速に高まっている。国際決済銀行（BIS）による中銀デジタル通貨のサーベイ調査によると、調査対象の中央銀行が何らかの形でCBDC関連業務に携わっている比率は2017年の65%から20年には86%にまで高まっている。日本銀行も、20年10月に「中央銀行デジタル通貨に関する日本銀行の取り組み方針」を発表し、本格的な実証実験を開始している。また、アメリカの中央銀行にあたるFRBも導入の検討作業を進めている。

実際に発行に踏み切った国家もある。21年10月現在、バハマの「サンド・ダラー Sand Dollar」とカンボジアの「バコン Bakong」が、CBDCとして正式に発行されている。

第3章で紹介したように、中国もデジタル人民元（e－CNY）の正式発行に向け積極的に試験運用を進めてきた。中国の中央銀行である中国人民銀行は『中国デジタル人民元研究開発進展白書』（以下『デジタル人民元白書』と略称）を発表し、2021年6月末までに、132万ヵ所を超える試験運用場所で、約7075万回、345億元（約5865億円）が利用されたという運用状況を明らかにした。また、デジタル人民元口座（ウォレット）も個人向けが2087万口、企業向けが351万口に達したという。

デジタル人民元の正式発行を見据えた法改正も進んでいる。2020年10月、中国人民銀行は「中国人民銀行法」改正案を公表。人民元を「実物形式とデジタル形式からなる」と規定したうえで、いかなる組織や個人もデジタル人民元に代わるものを製造、発行してはならないとした。

デジタル人民元が世界的な注目を集める背景に、中国経済の発展にともなう人民元の国際プレゼンスの高まりがある。2016年10月、国際通貨基金（IMF）の「特別引出権（SDR）」の構成通貨に人民元が加えられた。SDRとは、出資比率に応じて加盟国に割り当てられ、通貨危機などの緊急時に他の外貨に引き換えることができる国際準備資産だ。SDRに採用されたことで、人民元は米ドル、ユーロ、英ポンド、日本円に次ぐ第5の国際通貨としての地位を確立しつつある。

このまま順調に試験運用が進めば、これら主要通貨の中では中国が最も早くCBDCを発行する可能性が高い。

デジタル人民元推進の背景

①国内要因

デジタル人民元の開発に着手した国内的背景の一つに、中国社会で急速に進むデジタル化にともなうキャッシュレス決済、とりわけモバイル決済需要の高まりがある。

中国人民銀行が、「法定デジタル通貨研究グループ」を立ち上げ、CBDC発行に関する技術や枠組み、環境といった研究に着手したのが2014年。これはテンセントがウィーチャットペイをリリースした直後の、中国社会におけるキャッシュレス化が急激に進み始めたタイミングだ。その後、中国人民銀行は16年に「デジタル通貨研究所」を設立し、17年には商業銀行などと共同で研究開発・実験に着手した。この頃になると、レストラン、スーパー、コンビニといった通常の販売店だけではなく、道端の露天商を含め、スマホで決済できない場所を探す方が難しいほど、キャッシュレスが社会に広がっていた。

第3章で解説したように、モバイル決済というプラットフォーム上に、さまざまなビジネスが誕生しエコシステムを形成している新経済は、すでに中国人の生活の隅々まで深く浸透している。

その中核となるモバイル決済市場の約9割超を占めるのが、アリペイとウィーチャットペイという民間企業が運営する第三者決済サービスだ。そこにはさまざまなリスクが存在する。例えば、災害や停電などでスマホが使えなくなったり、技術的問題が発生したりして決済が行えなくなってしまった場合、国全体の経済活動に甚大な影響を及ぼす可能性がある。また、第4章で紹介したように、アリペイやウィーチャットペイは決済事業以外に、さまざまな金融サービスを幅広く提供している。

しかし、これら民間企業は金融機関ではないため、万が一破綻した場合においても、ユーザーから預かる資金は預金保険の対象とならない。民間企業一社の破綻が、金融システム全体へと波及するリスクも孕《はら》んでいる。さらに、政府はマネーロンダリングや脱税などを防止する必要があるが、決済などに関するデータが既存の金融システム外のプラットフォーム上に蓄積されており、監督管理が十分に行き届かないリスクもある。この他にも、決済事業者によるユーザーの囲い込みや独占問題、個人情報・プライバシー保護問題などがあり、新経済エコシステムが拡大すればするほど、問題が顕在化したときの中国経済に与える影響は大きくなる。

そこで、国家が発行主体であるデジタル人民元を発行することで、より安全で、包摂的な決済インフラを構築し、基礎的な金融サービスの水準と効率を高め、デジタル経済のさらなる発展を推進しようという狙いがうかがえる。

もう一つの国内要因として考えられるのが、現金利用環境の変化である。2019年に中国人民銀行が行った調査によると、スマホ決済金額（回数）の比率が59％（66％）、カード決済金額（回数）の比率が23％（7％）と、調査対象者の約8割がキャッシュレス決済を利用しているのに対し、現金決済金額（回数）の比率は16％（23％）に過ぎない。これだけキャッシュレスが進んでいるにもかかわらず、一部の農村部では現金需要も根強く存在しており、流通している現金通貨（M0）は緩やかに上昇している。具体的には、2016年末におけるM0残高は6.83兆元（約116.1兆円）だったが、20年末には8.43兆元（約143.3兆円）に達した。

現金は、製造から流通、廃棄に至るまでのプロセスにおいてさまざまなコストがかかっている。印刷された紙幣は、厳重に警備された現金輸送車に積まれて中央銀行へと運ばれる。そこでいったん保管され、さらに銀行を通じ、市中に出回る。つまり、製造された現金が国民の手元に届くまでにも、輸送や警備、保管など多くのコストがかかっている。また最終的に、傷んだ紙幣や硬貨は、中央銀行の各支店に届けられ、一つひとつ処理されているが、それにも多くの人手や費用がかかっている。

政府には、既存のインターネット環境に依存しない、より安全な法定デジタル通貨を普及させることで、現金の管理コストをさらに引き下げたいという狙いもある。ただし、「デジタル弱者」などの存在を考慮し、現金そのものは廃止せず、リアルとデジタルの人民元を長期的に併存させる方針となっている。

②国際要因

デジタル人民元の開発が加速した背景として、暗号資産の世界規模での急速な広まり、特に、２０１９年6月にFacebookが公表した「リブラ Libra」構想の影響がある。

代表的な暗号資産であるビットコインは、中央銀行などの管理者が不在で価値の裏付けが無いため、価格変動が激しく決済手段としての利用は広がっていない。一方リブラは、各企業が出資して設立した「リブラ協会」が発行主体となり、米ドルやユーロといった主要通貨から構成されるバスケット通貨を裏付けとして発行する点が特徴である。この価格が裏付け資産により規定される「ステーブルコイン」と呼ばれるデジタル通貨が、世界的なプラットフォーマーであるFacebook上で利用可能となれば、国境を越えてさまざまな場面で使われる可能性があり、現在の通貨システムや決済システムを揺るがしかねない。また、マネーロンダリングやサイバー攻撃などへの対策も不透明だ。このような懸念を背景に、リブラはアメリカをはじめとする主要国の金融当局から強い批判を浴び、サービス開始は困難となった。その後、リブラは「ディエム Diem」と改名され、米ドルに連動するステーブルコインとしての発行を目指している。

リブラ構想が明らかとなった2019年6月以降、中国人民銀行はデジタル人民元の正式発行に向けた取り組みを加速させ、20年から地域を限定した試験運用が始まった。『デジタル人民元白書』にも、「一部の商業機関がグローバルなステーブルコインの発行を計画しており、これは、国際通貨システムや支払決済システム、金融政策、国境を越えた資本移動の管理などに多くのリスクと課題をもたらす」と明記されている。これからもリブラ構想を強く意識していることがうかがえよう。

もう一つの背景として、国際社会におけるCBDCに対する関心の急速な高まりがある。先述したように、CBDCの研究や実証実験を進める中央銀行は増加しており、すでに発行した国家もある。IMFやBISといった国際機関のレポートや学術界における研究論文も増えてきた。メディアでも幅広く報じられるようになったため、徐々に一般社会にも浸透してきた。

現時点においては、先進国よりも新興国の方が、CBDCの発行に向けた取り組みを積極的に行っている。実際に正式発行したのもバハマとカンボジアの2ヵ国だ。先進国が決済の安全性を重要視し、導入に慎重な態度をとっているのに対し、新興国では現実問題として決済効率性の向上や金融包摂の推進が喫緊の課題となっていることが、その背景にあると見られる。

今後も新興国を中心にCBDCを発行する中央銀行は増えると考えられるし、正式発行へと踏み切る先進国が出てくることも想定される。将来的にCBDCの発行が増えると、先進国、新興国を巻き込んだ世界的な議論へと発展していくだろう。そこでは、早くから研究開発に着手し、より多くの経験を積んだ国が議論をリードすることになる。中国がかねてより積極的にデジタル人民元の開発を進める背景には、世界的議論の場での「発言権」を獲得する狙いもありそうだ。

設計と仕組み

デジタル人民元は、中央銀行による「集中管理モデル」、仲介機関を介する「二層構

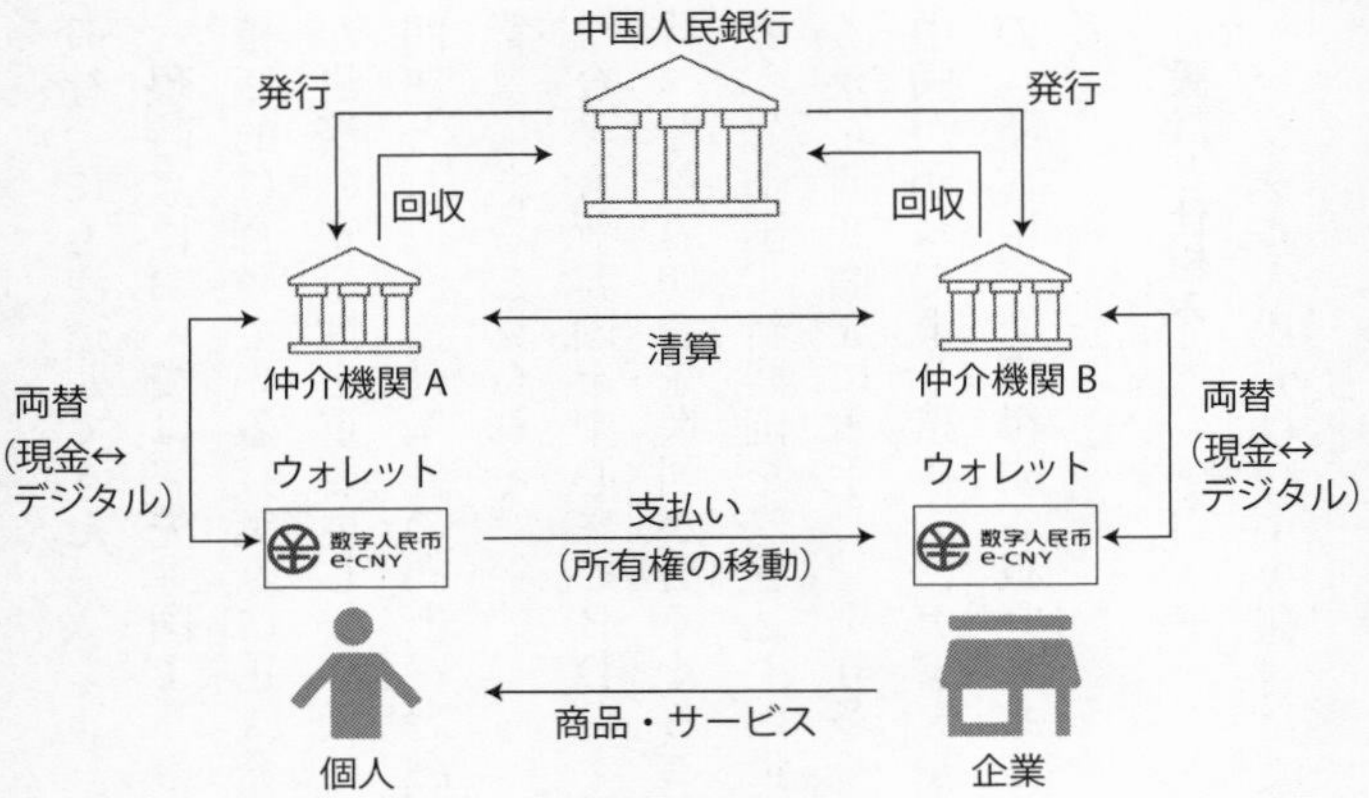

図6-1　デジタル人民元の「二層構造」
(出所) 筆者作成

造」を採用している。つまり、中国人民銀行が個人に対し直接デジタル人民元を発行するのではなく、指定仲介機関を経由することとなる。中国人民銀行は、デジタル人民元の発行から回収までの全ライフサイクル管理を担当する、運用体系の中で中心的な地位にある。一方、指定仲介機関はデジタル人民元と現金の両替や流通サービスの提供に責任を負う(図6-1)。

指定仲介機関には、資産規模、収益能力、リスク管理能力、現金サービス能力、支払いサービス能力およびイノベーション能力等の面における当局の要求を満たす商業銀行が選ばれる。2021年6月現在においては、中国工商銀行、中国建設銀行、中国

銀行、中国農業銀行、交通銀行、中国郵政貯蓄銀行、網商銀行（アント・グループ系列）が、仲介機関に指定されている。その他の商業銀行や第三者決済機関は指定仲介機関と共同で、決済商品の設計、システム開発、市場普及や運営維持といったデジタル人民元の流通に関するサービスを提供する役割を果たすこととなる。

デジタル人民元設計には、安全性、包括性、利便性、プログラマブル性、コントロール可能な匿名性といった特徴がある。安全性の面においては、二重払い、偽造や違法コピー、取引改竄《かいざん》などができないように設計されている。包括性の面では、デジタル人民元の利用には必ずしも銀行口座は必要なく、両替コストもかからないため、利用ハードルは低い。利便性の面では、オンライン、オフラインを問わず決済ができる設計となっている。

プログラマブル性とは、あらかじめ定めた条件を満たせば、事前にプログラムされた処理を自動的に実行することを指す。例えば、中国の携帯電話はプリペイド式が主流だが、残金が一定の金額を下回ったら、事前に設定しておいた金額を自動的に入金できるオートチャージ機能などが想定される。また、日本では当たり前となっている銀行口座自動振替だが、中国では浸透していない。デジタル人民元が普及すれば、水道料金や電気代、ガス代などの公共料金の「プログラマブル」な決済も可能となる。

現金には「匿名性」の特徴があるが、クレジットカードやモバイル決済は実名で登録している銀行口座と紐づいているため、決済業者はさまざまな個人情報を把握することができる。決済データを利用した金融サービスについては第4章で紹介した通りだ。

一方、デジタル人民元は個人情報やプライバシー保護を重視しており、取引で交換されるのが暗号化された情報であるため、基本的には利用者個人を特定できない。ただし、マネーロンダリングやテロ資金供与防止の観点から、「少額は匿名、多額は法に基づき遡及可能」という原則の下、中央銀行は利用者を特定できる設計になっている。これが「コントロール可能な匿名性」という意味だ。中国人民銀行によると、デジタル人民元関連情報にはファイアーウォールをかけ、情報セキュリティやプライバシー保護管理を厳格に実行し、任意の照会、使用を禁止しているという。

技術に関しては当初、ビットコインなどの暗号資産で幅広く利用されているブロックチェーン技術の利用も検討されていた。しかし、キャッシュレス化の進んだ中国では日々膨大な数の決済がデジタル処理されており、現時点におけるブロックチェーン技術では、これに対応するのは難しいという課題がある。また、ブロックチェーンに必要不可欠なマイニング（採掘）には大量の電力を必要とするため、脱炭素を目指す現行政策にも相いれない。実際に、『デジタル人民元白書』においてはブロックチェーン技術の採用に関しては言及が無かった。ただし、制度設計上において長期的な技術選択の余地は残しており、今後のイノベーションにともなう新たな技術を採用する可能性は十分考えられる。

ウォレットの仕様

デジタル人民元のウォレットには大きく、ハードウォレットとソフトウォレットの2種類がある。前者はデジタル人民元専用デバイスを通じ、後者はスマホなどのアプリを通じてサービスが提供される。

専用デバイスは、日本でも幅広く使用されている交通系ICカードのようなイメージだ。この他にも、残高が確認できるタイプやウェアラブルタイプなどさまざまな種類が開発されていることは第3章ですでに触れた。高齢者などスマホを持っていない「デジタル弱者」も、専用デバイスを用いることで、デジタル人民元で決済できるようになる。

現時点ではスマホのアプリを使う方法は二通り。デジタル人民元専用アプリと、各銀

図6-2　中国建設銀行のデジタル人民元ウォレット　2021年11月、筆者撮影

行が独自に展開するモバイルバンキング専用のアプリで、私が使っているのは後者だ（図6-2）。専用アプリの場合は携帯電話番号を登録するだけで利用できる。登録の際にウォレットを開設する指定仲介機関を選択し、支払い用の6桁の暗証番号を設定する。

ウォレットと銀行口座番号とを紐づけなくても利用可能だが、紐づけた場合には入出金が便利になり、残高や利用限度額も高くなる。例えば中国建設銀行の銀行口座と紐づけている私の場合、ウォレットの残高上限は50万元（約850万円）、一回あたりの利用上限は5万元（約85万円）、一日あたりの利用上限は10万元（約170万円）、年間利用額は無制限となっている。銀行口座と紐づけない匿名ウォレットの場合は、残高上限が1万元（約17万円）、一回あたりの利用上限は2000元（約3万4000円）、一日あたりの利用上限は5000元（約8万5000円）、年間の利用上限が5万元（約85万円）と、その差はかなり大きい。デジタル人民元の出入金ができるATMも利用できるようになっているが、銀行口座と紐づけた方が直接入金でき便利だ。今後幅広く普及していく場合、銀行口座と紐づけて利用するケースが大半を占めることになるだろう。

デジタル人民元アプリ間での送金は、現在でも幅広く利用されているQRコード方式の他に、近距離無線通信（NFC）、電話番号、アカウント番号を利用して行うことができる仕様となっている。NFCを搭載したスマホ同士を近づけることで送金ができ、電話・アカウント番号を利用する場合は受け取る側の仲介機関を選択する必要がある。

既存のデジタル決済ツールとの違い

中国ではアリペイやウィーチャットペイが幅広く普及し、財布を持ち歩かなくてもスマホ一つで生活できるキャッシュレス社会がすでに実現している。デジタル人民元とこれら既存のサービスとの違いはどこにあるのだろうか。

既存のデジタル決済ツールと比べたデジタル人民元の優位性については、デジタル人民元は法定通貨であり安全性が高いこと、銀行口座に依存せずオフライン取引が可能であること、匿名性がより高く個人情報やプライバシー保護に役立つこと、などを中国人民銀行が説明している。

店舗での支払い以外にも、タクシー配車やシェア自転車、フードデリバリーなど、中国で提供されている多くのサービスが、デジタル決済を前提に設計されている。しかし、既存のデジタル決済ツールは保有する銀行口座との紐づけが義務化されているため、短期で訪れている外国人旅行者が利用するにはハードルが高い。日本企業の駐在員でも着任当初は銀行口座を持っていないので、キャッシュレス決済ができず不便な思いをする。また、既存のデジタル決済ツールはオンライン決済が前提であるため、災害などで通信基地局に障害が生じた場合は使用できなくなる。現金を持ち歩かない習慣が身についた中国人にとって、デジタル決済が使えなくなるのは死活問題だ。デジタル人民元が普及すれば、確かにこれらの問題は解決する方向へと進みそうだ。

実際に正式ローンチしていないので判断を下すのは時期尚早だが、現時点では既存のデジタル決済と比較すると利便性には劣る印象がある。実店舗で支払いを行う限りにおいては、既存のＱＲコードによるスマホ決済と大差は無い。しかし、アリペイやウィーチャットペイは、あらかじめウォレットに入金しておかなくても銀行口座から直接引き落とすことも可能である一方で、デジタル人民元の場合は、事前に必要な金額をアプリ内にチャージしておく必要がある。最初のうちは好奇心からデジタル人民元を使っていたが、このひと手間が面倒で、徐々に使わなくなってしまった。私の友人知人を見る限りでも、積極的に利用している人は皆無に等しい。

それでも今後、デジタル人民元は中国国民に受け入れられ広がっていくのだろうか。そして中国政府は、デジタル人民元をどのように利用していこうと考えているのだろうか。

デジタル人民元の展望

中国政府としては、短期間でデジタル人民元を一気に普及させ、現金や既存のデジタル決済に取って代わると考えているわけではない。『デジタル人民元白書』においても、「実物人民元に対するニーズが存在する限り、人民銀行は実物人民元の供給を止めることや行政命令で交換させるようなことはしない」と明記してある。

消費者目線から見ると、先述の通り、すでに使い慣れている既存のデジタル決済ツールと比較すると使い勝手は良くない。また、アリペイやウィーチャットペイは、食事、移動、旅行、ショッピングなど、一般市民が日常生活で利用するサービスのほぼすべてをアプリ上のミニプログラムで提供している。また、食事代金の割り勘をしたり、ご祝儀を送ったりと、友だちとのお金のやりとりもSNS上ですべて完了するので便利だ。デジタル人民元を幅広く普及させるためには、利用を促す何らかのインセンティブを与える必要があるだろう。

こうした点を踏まえると、確かに、短期間でデジタル人民元が大きくシェアを伸ばすことは想像しがたい。しかし、中長期的に普及が進むポテンシャルはあると私は見ている。その理由が「手数料」の存在だ。デジタル人民元は現金と同じ扱いであるため、中国人民銀行は指定仲介機関から両替や流通サービスにかかる費用を徴収しないし、指定仲介機関もユーザーからいかなる費用も受け取らない。一方、既存のデジタル決済では、少額ではあるが手数料がかかっている。個人商店や屋台など、取引金額が小さければ大した影響は無いかもしれないが、百貨店やショッピングモール、コンビニなどのチェーン店になれば一日の取引金額はきわめて大きい。店舗運営者からすると、コストはなるべく抑えたい。もし既存のデジタル決済業者が手数料を据え置くのであれば、リアルの消費現場では、デジタル人民元の利用が進むと考えられる。

もう一つの可能性が公的機関での利用だ。最近ではほとんど見なくなったが、民間でキャッシュレス決済が幅広く普及していく過程において、遅々として利用できなかった場所が公立の施設だった。例えば、２０１８年10月の四川旅行では全旅程キャッシュレスにチャレンジしたが、唯一、現金しか使えなかった場所が観光地のチケット販売所であった。北京市の公立公園でモバイル決済が使えるようになったのも最近だ。本章の前半で紹介したように、中国政府は公共、行政サービスのデジタル化を進めており、ネット上で手続きから支払いまでワンストップでできるようになれば、これらのシーンでは、デジタル人民元の利用を促す方向に進むだろう。

このように一部の現場ではデジタル人民元の普及が進む可能性はある。しかし中国国内では、依然として現金に対する根強いニーズが存在する。また、政府主導で進めるサービスは、顧客ニーズを吸い取って具現化していくのが得意とは言えず、アリペイやウィーチャットペイに慣れ親しんだユーザーから支持を得るのは簡単ではない。したがって、デジタル人民元が正式に発行された後も、現金や既存のデジタル決済ツールと長期的に共存していくことになるだろう。

三極通貨体制への第一歩となるか

国際的に見ると、先進国に先駆けたデジタル人民元の発行は、アメリカの通貨・金融覇権への挑戦であり、ドルの基軸通貨としての地位を奪うのではないかとの声も聞かれる。

まずは、人民元国際化のこれまでの経緯を見てみよう。世界金融危機発生後の2009年7月、米ドルへの過剰な依存からの脱却と為替リスクの回避を図るために、一部の企業による人民元建て貿易決済を解禁した。09年はまさに人民元国際化元年といえよう。当初は、広州・長江デルタ地区（上海市、江蘇省、浙江省）と香港・マカオとの貿易を行う一部企業に対してのみの解禁であったが、国内外の地域制限や企業制限を徐々に撤廃し、範囲を広げていった。前述の通り、人民元は16年にIMFのSDRの構成通貨に採用され、国際通貨として認められるようになった。

それでは国際取引における人民元の利用状況はどうなっているのだろうか。金融機関のさまざまな国際取引に通信サービスを提供している国際銀行間通信協会（SWIFT）によると、通貨別の取引比率において人民元は2015年8月に2・79％と日本円（2・76％）を抜いたものの、それをピークに低下に転じた後は、およそ2％前後で推移している。21年9月の主要通貨のシェア率は、米ドル39・5％、ユーロ37・9％、ポンド6・1％、円2・8％、人民元2・2％となっている。

一方で、中国は独自の国際決済システムの構築に着手している。2015年10月に導入した、国際貿易や直接投資、銀行融資といった国境を跨ぐ人民元決済のインフラ「人民元クロスボーダー決済システム RMB CIPS：Cross-border Interbank Payment System」だ。万が一、中国の銀行がSWIFTから除外されれば、国境を跨ぐ決済が困難となり、中国経済の生命線ともいえる対外貿易は壊滅的な打撃を受けてしまう恐れがある。例えば、イランが2012年に欧米から経済制裁を受けた際、SWIFTはイランの金融機関への通信サービスを停止している。CIPS導入の背景には、このような不測の事態が発生した際に対応できるよう準備しておく狙いがあると見られる。

CIPSの運用状況を見ると、導入以降は年々増加傾向にあったが、2020年は増加スピードが一段と加速した（図6-3）。2020年1年間のCIPSを通じた決済回数は前年比17％増となる220・49万回、決済金額は33・4％増となる45・27兆元（約769・6兆円）に達した。一日あたりの決済回数は8855回、決済金額は1818・15億元（約3・09兆円）であった。

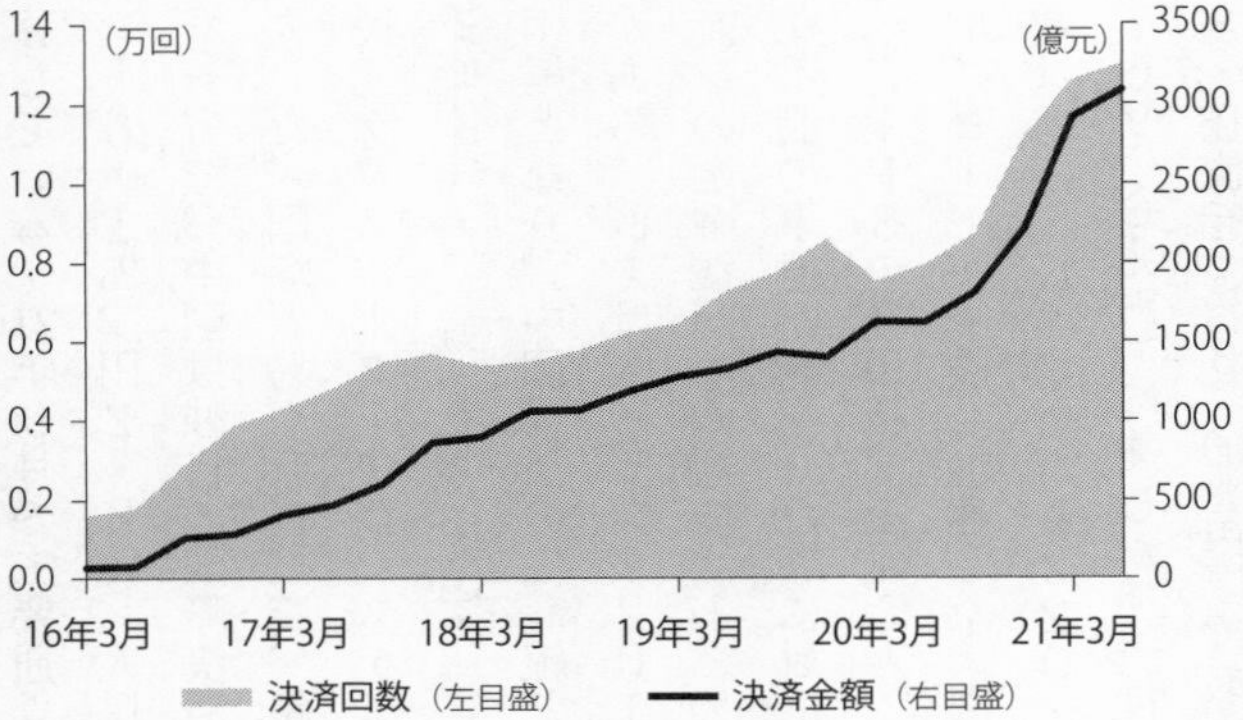

図6-3　CIPSの運用状況（1日あたり）
（出所）中国人民銀行の資料を基に筆者作成

確かに、国際取引における人民元の使用頻度と金額は足元では若干高まってはいる。中国人民銀行が発表した『2021年人民元国際化報告』によると、2020年における人民元国際取引金額は28・39兆元（約482・6兆円）と前年比で44・3％伸びた。しかし他の主要通貨と比較すると、クロスボーダー決済で積極的に使われている米ドルやユーロの数パーセント程度に過ぎない。また、IMFが発表している世界の中央銀行が保有する外貨準備高の現状を見てみると、2021年第2四半期では米ドルが59・2％であったのに対し、人民元の比率は2・6％と基軸通貨の米ドルには遠く及ばない状況にある。人民元の国際化が順調に進んでいるとはいいがたい。

その理由が、依然として中国に存在する厳しい資本規制だ。基軸通貨の条件として、他国通貨と自由に両替ができる交換性が確保されている必要がある。これが人民元には欠けているのだ。例えば、個人による人民元と外貨の両替は、一人につき年間5万ドル（約550万円）相当以下に制限されており、5万ドルを超える場合は両替の必要性を記した書類の提出が義務づけられ、一定の審査が必要となる。外国送金や出国時の持ち出しも制限を受ける。実際に、私は毎月の給料を人民元でもらっているが、限度額を超えるまとまったお金をドルや日本円に交換して持ち出すことは容易ではない。人民元で給料をもらっていた駐在員が、帰任時の換金、持ち出しに苦労したケースは幾度となく見てきた。外国人にとって人民元は使い勝手が悪いのだ。

中国における資本自由化は徐々に進んでいくと思われるが、大きなキャピタルフライト（資本逃避）が発生するリスクがある国内事情を考えると、完全自由化に達するには相当な年月がかかるだろう。たとえ中国の経済規模がアメリカを超えたとしても、国際的な資金取引に厳しい規制が残る以上は、米ドルに代わって人民元が基軸通貨になることはありえない。

それではデジタル人民元の登場で何か変わるのだろうか。アメリカから基軸通貨の地位を奪い取るとは言わないが、少なくとも、人民元の国際化に寄与する可能性はあると私は考えている。

先に触れたように、デジタル人民元は主に国内における個人の支払いに利用されるが、国境を跨ぐ決済での使用も検討され始めている。２０２１年2月、中国人民銀行は香港、タイ、アラブ首長国連邦（ＵＡＥ）の中央銀行およびＢＩＳの香港イノベーションハブと、各国のデジタル通貨を用いてクロスボーダー決済を行う研究を始めた。

『デジタル人民元白書』においても、「デジタル人民元は、国境を越えて使用できる技術的条件を備えているが、現在は主に国内のリテール決済ニーズに対応する」としたうえで、「将来的には、G20などの国際的枠組みによるクロスボーダー決済の改善に関するイニシアティブに積極的に対応し、国際決済分野におけるＣＢＤＣの適用性を研究する」と積極的な姿勢を見せている。

先進国で人民元の利用が広がっていくことは想像しがたい。しかし、決済効率性の向上や金融包摂の推進が課題となっている新興国が、ＣＢＤＣの発行に向けた取り組みを積極的に行っている現状を見ると、デジタル人民元により国際送金や海外での利用が便利になれば、新興国を中心に勢力を強めていく可能性は考えられる。特に研究開発力に乏しい国は、デジタル人民元のシステムをそのまま自国通貨のデジタル化に導入することも考えられよう。同じシステムを使うことで両国通貨の接続はより円滑に行われることになる。

世界を見渡すと米ドルのような主要国通貨を自国通貨と並存または自国通貨に代わって利用している国も少なくない。中米のエルサルバドルのように、価格変動が激しく決済手段としては不向きなビットコインを法定通貨に取り入れた国もあるくらいだ。アメリカから経済制裁を受ける国で、積極的に人民元を利用する動きが出てもおかしくはないだろう。

将来的に、これらの新興国を中心にデジタル人民元やＣＩＰＳの利用が広がり、米ドルと競合しない形で人民元通貨圏が形成される方向に進めば、世界の基軸通貨である米ドルに加え、ヨーロッパのユーロ、新興国の人民元という三極通貨体制ができる可能性も否定できないだろう。

新型コロナ禍が先進国と新興国の分断を加速させ、互いの溝はさらに深まった。中国はこれら新興国の力を集約し、世界経済におけるパワーバランスの再構築を緩やかに、しかし確実に進めていくだろう。グローバル社会における主導権と経済力のシフトは突然起こるものではなく気づかないうちにゆっくりと進んでいく。

将来において過去を振り返ったとき、新型コロナウイルスが世界を襲った２０２０年が歴史的転換点と評価されているかもしれない。

おわりに

私の中国在住歴は通算20年を超えた。はじめは１９９５年夏の短期留学で、その後、中期（1年）、長期（8年）と合計３回の中国留学を経験している。最初の短期留学で中国に興味を持ち、二度目は語学クラスで中国語の習得に励み、三度目の留学では大学院で大学教員を目指した。２０１０年に博士号を取得した後、現在は経済金融系トップの国家重点大学・対外経済貿易大学で教鞭をとっている。

中国の首都・北京に根を張り、この国のダイナミックで目まぐるしい変化を直に観察してきたが、新型コロナウイルスがもたらした巨大な変化の波はこれまでとは異質なものであった。新型コロナ禍が大きな歴史的転換点になるかもしれない。中国の大学に在籍する日本人経済学者ならではの情報や視点をもとに、目の前で次々と起こる新たな出来事を記録し、日本に伝えたい。この思いが本書執筆の大きな動機である。

この25年間で中国は大きく変わった。最初の留学で強烈な印象に残っている光景が、街角で必死に物乞いをするホームレスの子供たちだった。「スリや強盗に注意」との警告に胸がざわついた。この年の名目GDP（ドルベース）は日本のわずか13・2％。それが今では、経済規模では我が国を大きく凌駕《りょうが》し、世界最大の経済大国である米国に迫る水準にまで成長している。改革開放以降、安価で豊富な労働力を背景に「世界の工場」として発展してきた中国は、購買力の飛躍的な高まりを背景に、各国企業を引きつける「世界の市場」となった。かつては「安かろう悪かろう」と言われたメイド・イン・チャイナの品質は見違えるほど向上し、科学技術でも分野によっては先進諸国と比べ遜色ない競争力を有するようになった。

特に、本書で紹介したデジタル技術の社会実装は世界でも類を見ない水準に達している。これら中国発のデジタルサービスは着実に世界各国へと浸透しており、国際的デファクトスタンダードになり得る可能性を秘める。「21世紀の石油」と呼ばれる、ビジネスに欠かせないデータに関するルール作りを着々と進める中国は、国際標準の策定にも積極的に参画する。中央銀行デジタル通貨も主要国の中では最も早く正式発行に踏み切る見通しとなっている。

急速に台頭する中国。我々日本人はこの巨大な隣人とどのように付き合っていけばいいのだろうか。

知己知彼百戦不殆（彼を知り己を知れば、百戦殆《あやう》からず）。

（『孫子兵法』謀攻篇）

日本と中国は今後、国家や民間といったさまざまなレベルで、協力相手として手を携えることもあるし、競争相手として対峙することもあるだろう。どのような関係であれ、まずは客観的に相手を「知る」ことが重要だ。知らなければ円滑なコミュニケーションもとれないし、競争で優位に立つための戦略を立てることもできない。「知らない」ことのリスクはきわめて大きい。

ステレオタイプの「脅威論」や「崩壊論」、過剰な「日中友好論」のどちらも要らない。本当に必要なのは、「嫌中」や「親中」ではなく、中国を深く理解しその知識を自国、自社の発展に役立てることができる「知中派」人材である。

本書では、私の知り得る限りの情報や知識、長年に渡る経験をもとに、急速に輪郭をあらわす「数字中国《デジタル・チャイナ》」の実像に迫った。「中国はよくわからない」と思っていた方々が、本書を読んだ結果、中国社会のリアルについて少しでも理解を深めてくださったなら幸甚である。

今後も、高速で変化する「隣人の実像」を知るためのヒントとなる情報を、中国の内側から発信し続けていきたい。

本書の大部分が書き下ろしであるが、日経ビジネス電子版の連載「『隣人の素顔』〜リアル・チャイナ」、日本経済新聞「経済教室」、NewsPicksなどに掲載した記事、2019年4月出版の拙著『キャッシュレス国家――「中国新経済」の光と影』(文春新書)の一部を引用している。

本書の執筆にあたっては、政府や企業の公式情報やメディアの報道なども幅広く参考にした。政府が公表する正式文書や講演会の発言の内容、上場目論見書などはすべて原典をあたった。引用したデータはすべて本文内に出典を記載しているが、その多くは対外経済貿易大学が購入しているデータベースやウェブ上に公開されている中国調査会社のレポートを入手して利用した。

本書では、内容や数字の正確性に細心の注意を払ったつもりであるが、調査、取材、執筆をすべて一人で行ったため間違いがないとは言い切れない。言うまでもないが、本書に残る曖昧さや誤りはすべて筆者の責任である。そうしたミスも含め、多くの方々からご指摘をいただければ幸いである。

ホームページ：https://yusaku-nishimura.com/

最後に、本書の執筆にあたり協力をいただいた方々をここに記しておく。

本書の草稿に関して、石川勇氏（日本国外務省）、上田達史氏（日本銀行）、杉山裕亮氏（日本生命保険相互会社）、高附修一氏（セコム株式会社）、中島浩司氏（キヤノン株式会社）、福本智之氏（大阪経済大学）から有意義なアドバイスを頂戴した。また、第5章の地方専項債に関する内容は、日本銀行の東善明氏、坂下栄人氏との共著「中国地方政府債券の発行市場における市場メカニズム」（日本銀行ワーキングペーパーシリーズ）に依るところが大きい。両氏との多岐にわたる議論を通じ、中国経済に関する視野を広げ、問題意識を深めることができた。ここに名前を記載できない方々も含めて、この場を借りて深く感謝を申し上げる。

また、オンラインミーティングで本書の構成や内容を議論し、少しでも読者にわかりやすい文章になるよう丁寧なコメントをいただいた編集担当の胡逸高さんに、厚くお礼を申し上げたい。

最後になったが、著書『アジアでＭＢＡ』（英治出版）の執筆経験がある妻・千春からは、さまざまなアドバイスや本書の草稿に対する詳細なコメントを寄せてもらった。異国の地で筆者の研究生活を支えてくれている彼女に心から感謝したい。

２０２２年１月

西村友作

ラクレとは…la clef=フランス語で「鍵」の意味です。
情報が氾濫するいま、時代を読み解き指針を示す
「知識の鍵」を提供します。

中公新書ラクレ
757

数字中国《デジタル・チャイナ》
コロナ後《ご》の「新経済《しんけいざい》」

2022年2月10日発行

著者……西村友作《にしむらゆうさく》

発行者……松田陽三
発行所……中央公論新社
〒100-8152 東京都千代田区大手町1-7-1
電話……販売 03-5299-1730　編集 03-5299-1870
URL https://www.chuko.co.jp/

本文印刷……三晃印刷
カバー印刷……大熊整美堂
製本……小泉製本

Published by CHUOKORON-SHINSHA, INC.
Printed in Japan　ISBN978-4-12-150757-0　C1233

中公新書ラクレ　好評既刊

L709
ゲンロン戦記
——「知の観客」をつくる
東　浩紀 著

「数」の論理と資本主義が支配するこの残酷な世界で、人間が自由であることは可能なのか？「観客」「誤配」という言葉で武装し、大資本の罠、敵／味方の分断にあらがう、東浩紀の「生き延び」の思想。哲学とサブカルを縦横に論じた時代の寵児は、2010年、新たな知的空間の構築を目指して「ゲンロン」を立ち上げ、戦端を開く。いっけん華々しい戦績の裏にあったのは、予期せぬ失敗の連続だった。ゲンロン10年をつづるスリル満点の物語。

L716
現代中国の秘密結社
——マフィア、政党、カルトの興亡史
安田峰俊 著

天安門事件、香港デモ、新型コロナ流行、薄熙来事件、アリババ台頭、孔子学院——。激動する国家に蠢く「秘密結社」を知らないで、どうやって現代中国がわかるのか？　清朝に起源を持つチャイニーズ・フリーメーソン「洪門」、中国共産党の対外工作を担う「中国致公党」、カルト認定された最大の反共組織「法輪功」。大宅壮一ノンフィクション賞作家が、結社の行う「中国の壊し方」と「天下の取り方」に迫り、彼らの奇怪な興亡史を鮮やかに描き出す。

L748
中国「コロナ封じ」の虚実
——デジタル監視は14億人を統制できるか
高口康太 著

中国が権威主義体制のもと、いちはやく「コロナ封じ込め」に成功したことは、日本で民主主義体制への懐疑さえ生じさせた。だが、中国の本質は「上に政策あれば下に対策あり」と言われる「デマ大国」であり、ゲテモノ食ひとつすら取り締まれない。宿年の課題を克服するためのツールが、本書が検証するデジタル・監視・大動員なのだ。習近平体制のもと「健康帝国」へと突き進む中国の深層を、気鋭のジャーナリストが探る。